14 Mai 1815.

CONSIDÉRATIONS
CRITIQUES
ET POLITIQUES.

Imprimerie de TREMBLAY, à Senlis.

CONSIDÉRATIONS
CRITIQUES ET POLITIQUES,

SUR LES RÉFLEXIONS POLITIQUES
de M. DE CHATEAUBRIAND;

SUR L'APPERÇU DES ÉTATS-UNIS
de M. FÉLIX DE BEAUJOUR;

SUR UN PASSAGE DU VOYAGE EN ANGLETERRE
de M. DE LEVIS;

ET, *en une note intercallée (page 26)* SUR LE PROJET DE RÉORGANISATION DE LA SOCIÉTÉ D'EUROPE de MM. SAINT-SIMON & THIERRY;

Écrites en Décembre 1814, publiées en Mai 1815.

Par M. H. FRANCLIEU.

A PARIS,
Chez DELAUNAY, Libraire au Palais-Royal.

A SENLIS,
Chez TREMBLAY, Imprimeur-Libraire.

ERRATA.

Page 24, ligne 13, *ne* sont en nous, lisez *en* sont en nous.

Page 27, ligne 6 de la note, *l'intérêt du gouvernement*, lisez *du gouvernant.*

Page 32, dernière ligne du texte, *ces moyens*, lisez *ses moyens.*

Page 66, ligne 4, *fondés*, lisez *fondées.*

Page 98, poser à la fin de la deuxième ligne le signe (1) du renvoi à la note.

Page 111, entre le titre de la première classe, lisez

Jusqu'à 18 ans.

L'homme jusqu'à 14 ans est réputé enfant. Il apprend à lire, écrire, il apprend les élémens d'une morale universelle, et les principes du travail auquel ses parens le destinent.

De 14 ans à 18 il apprend encore le maniment des armes et les principes d'évolutions militaires.

Deuxième classe. De 18 à 23. A 18 ans, etc.

Page 119, ligne 3 de la note. En une seule année, *du parti des membres*, lisez, en une seule année *excédant le sixième des membres.*

Page 122, ligne 13. Acception que je *le* donne, lisez que je *lui* donne.

Page 126, ligne 10, tant de péages *qu'ils* en... lisez *qui* en.

ÉPITRE DÉDICATOIRE.

Aux mânes de WASHINGTON, de BAILLY, de CONDORCET, de LAVOISIER, de MALOUET, de CLERMONT-TONNERRE, de VERGNIAUD, de VUABLANC.

A MESSIEURS

PASTORET, François DE NEUF-CHATEAU, BARBÉ-MARBOIS, CARNOT, LAFOND-LADEBAT, le Général LECOURBE, LALLY-TOLENDAL, LATOUR-MAUBOURG, LA FAYETTE, LANJUINAIS, RAINOUARD, BAËRT, J. B. SAY, DACIER, D'AUNOU, et tous Membres de l'Institut.

C'est à vous mes illustres Compatriotes que j'ai l'honneur d'offrir, de dédier ces Considérations critiques et politiques, qui doivent amener l'énoncé des premiers principes constitutifs de toute Société.

Daignez, une à une, déchirer chacune de ces pages, pour leur en substituer qui honorent l'humanité.

Alors mon but sera rempli.

Par cette Lettre je désire vous rendre un hommage public.

H. Franclieu.

AVANT-PROPOS.

CES Considérations datent du mois de décembre dernier 1814. La Censure ne leur permit pas de paraître.

Plusieurs réclamations deviennent sans objet ; notamment sur la presse et sur le mémoire de M. Carnot, que je ne connaissais pas, qui maintenant est entre les mains de tout le monde. Peut être faut-il se rappeller les impressions que nous avons reçues.

Supprimant plusieurs passages, qui avaient rapport au temps antérieur à la restauration, je laisse celui qui a trait à la mort de Louis XVI, il prouvera qu'elle n'est pas due aux idées républicaines. Dans mon opinion : qui méritait moins de mourir que celui qui disait : » Que m'importe

» mon autorité ? Je n'en veux que pour eux. » Mais peut-être fût-il faible, et changeait-il au gré des personnes diverses qui l'entouraient ?

Je ne craindrai pas de dire : au dehors sa perte fût jurée.

Regrettons ces temps malheureux et pleurons sur lui, sur tant de nos concitoyens.

Puisse du moins être exaucé le vœu que je forme en mes pages dernières !

J'attaquais M. de Chateaubriand ; son livre fût de circonstance et toute circonstance est éphémere. Je prétends combattre les principes qu'il avance ; et c'est ce motif, qui m'enhardit à offrir ces feuilles à mes concitoyens.

Il me faudrait les revoir, les resserrer ; cette occupation me détournerait de mes travaux journaliers et du but que je me propose. Un jour je veux présenter à ma patrie un projet entier de charte constitutive républicaine,

Conservant les droits de tous et repoussant l'anarchie.

Je l'essayai en l'an III.

S'il se peut, que des peuples extérieurs elle nous donne la confiance et l'amour.

En ce moment de grandes vues de bonheur public sont présentées, et l'on appelle les peuples au fédéralisme, au respect mutuel de droits communs. L'on veut que toute idée d'envahissement, de domination, de férocité tombe, pour y substituer celle de garantie, d'accord et d'harmonie.

Ce n'est point dans le pouvoir que réside le bonheur. Le pouvoir forcé est amer et dangereux. Des hommes n'appartiennent pas à un homme. Plus un pouvoir est combiné, circonscrit, plus il est facile, certain ; plus il est sûr.

Commençons par adopter un Gouvernement resserré, fondé sur la sagesse, fort de ses idées généreuses, libérales, et les peuples, sans crainte comme sans jalousie, voudront se fédéraliser avec nous.

CONSIDÉRATIONS
CRITIQUES ET POLITIQUES.

M. de Chateaubriand a souvent fait preuve de talens; il a montré une imagination brillante; il a captivé beaucoup d'esprits. Approuvant indistinctement tout ce qui existe aujourd'hui parmi nous, et sur-tout prouvant qu'il faut enfin l'ordre et la paix, il embrasse une carrière honorable et famée.

S'il a avancé dans ses Réflexions politiques quelques principes, que 35 ans de méditations et d'études m'ayent amené à juger faux : si je trouve déguisés des résultats, qu'il eut pu présenter, je ne me laisserai pas éblouir par l'éclat du style de M. de Chateaubriand; par la faveur, que parait prendre son écrit; par les éloges, qui lui sont prodigués; par les places, que les journaux ont annoncé lui être destinées.

J'essayerai d'offrir aussi mes observations à mes

Concitoyens, et venger des opinions qui ne sont peut-être pas autant éloignées du cœur et de l'esprit de M. de Chateaubriand, qu'au premier apperçu l'on pourrait le penser.

Me faudra-t-il chercher à enfler mes pages, afin d'en obtenir le nombre voulu par une loi; pour être soustrait à une censure préalable; afin que mon opinion soit entière, soit bien à moi?

Me faudra-t-il outre-passer certaine borne; ne sauter aucun feuillet de l'ouvrage, que j'examine, ensorte que la fatigue, l'ennui nécessairement s'emparent de l'âme du lecteur à la suite d'une discussion aussi sérieuse, tandis que selon moi, en ces cas, le premier mérite du style est d'être extrêmement serré, concis, afin de ne jamais perdre son objet de vue et d'y tendre sans cesse.

O fatalité de la loi! Et que craint-on de la presse? Sa liberté n'est redoutable que pour celui qui craint la vérité. L'écrit immoral, celui qui avance l'insulte, le mensonge, la calomnie; qui provoque le désordre, dénoncé aux tribunaux, légalement poursuivi, entraînera sur son auteur un juste châtiment. Qu'il serve d'exemple!

Mais craint-on une opinion subtile, fausse; (1) laissons à la liberté de la presse elle-même le soin de la combattre, le soin de la dépouiller de ses prestiges. Laissez au génie ses écarts; je dirais: n'arrêtez pas son vol; ne rognez pas ses aîles, le sommet en est brillant encore; et ces parcelles de lumières, au hasard jettées, heureusement recueillies, peuvent offrir de nouveaux apperçus, et devenir les plus précieux guides.

Qu'est-ce qu'un sarcasme, un pamphlet, un grossier mensonge? A peine proférés ils tombent dans la nuit; leur nombre les obscurcit encore. C'est la paille légère qu'agite le van du laboureur; le grain pesant retombe; la paille s'emporte au loin dispersée, jonchée par les vents.

L'imprimerie (2) serait une branche de commerce immense. Vous vous plaignez de la population; laissez-lui ses travaux.

---

(1) Je crois indiquer plus loin le moyen simple d'en détruire les effets. Allions le droit à la repression de ses abus, de ses écarts.

(2) La presse d'elle-même réprime ses abus; qu'une imposture soit proférée, mille voix vont s'élever pour la détruire.

Comprimer l'opinion publique, c'est arrêter le progrès des lumières. Pour exprimer sa pensée, il faut enfanter un gros volume, ou il faut emprunter un langage étranger, que nul ne pourra comprendre. Autrement on ne pensera que d'après un ministre quelconque, sous son bon plaisir, sous sa dictée... Telle n'est pas l'opinion publique. Tous les hommes vertueux s'entendent; comment s'éteindront nos haines nationales, si nous n'appelons à notre secours les vertus, la lumière.

Allemands, Russes, Anglais, Espagnols, Français, nous sommes tous une même famille; adoptons des institutions, qui, loin d'éterniser nos sanglans débats, amènent parmi nous la confiance et l'amour.

L'on a avancé publiquement que nous n'étions pas assez mûrs pour professer des idées libérales.

A quel pays, à quel peuple, à quels hommes accorderez-vous ce noble exercice! Qui se chargera du soin de penser, d'écrire pour nous? Au-dessous de qui doit se trouver le Français? Il est donc bien savant celui qui ainsi nous déclare avilis?

La Chambre des Députés eut dû lui voter par acclamation d'éclatans remercîmens publics.

C'est à tort que M. de Chateaubriand avance (page 44) que » la plus entière liberté règne dans les livres et les journaux. »

Dans les livres ? selon leur grosseur. Dans les journaux ? nulle part.

Mais reprenons dès le commencement les réflexions de M. de Chateaubriand. (1)

Ces réflexions forment, en quelque sorte, deux parties.

La première comprenant les douze premiers chapitres. La deuxième les onze derniers.

Dans la première M. de Chateaubriand attaque principalement une opinion, qui me parait émise par un seul particulier.

La deuxième est l'apologie de la Charte, que nous a donnée Sa Majesté.

---

(1) Je n'ai pas l'honneur de connaître M. de Chateaubriand. Je désire que ces considérations me puissent même mériter son estime.

Considérations sur la première partie.

L'opinion que, dans ses premiers chapitres, M. de Chateaubriand attaque, me parait être celle d'un ancien Député, ayant pensé avoir pu et dû coopérer à un jugement, qui a jetté la plus grande partie de la France dans la consternation et dans les larmes.

Cet écrit, que je ne connais pas, a été (m'a-t-on dit) arrêté, supprimé par ordre du Gouvernement : il n'est pas public. Dès-lors peut-on sévir avec justice publiquement contre lui ?

Il a été dit, je pense, qu'il avait été présenté à S. M. par l'auteur ; il prouvait donc que ses opinions avaient été dictées par sa conscience.

J'estime que puisque son mémoire a été supprimé, on n'a pas le droit publiquement de l'attaquer personnellement.

Pour moi (1) je suis loin de partager l'opinion

---

(1) Je laisse à dessein ce passage. Il prouve la diversité des manières de voir de personnes qui cependant se réunissent à penser qu'un État vraiment libre, éclairé, doit être Républicain.

de la mort de notre malheureux, bon et excellent Roi Louis XVI;

Toute raïson morale et politique (je l'estime) la défendait. Par quelle erreur (selon moi) a-t-elle pu être autrement envisagée ? Combien de Français, alors en France, libres d'eux-mêmes, n'ont pas cherché autour d'eux (tandis que tout les avait isolés) s'ils pouvaient, sacrifiant leur vie, empêcher un tel malheur, se promettre la moindre apparence de succès ? Combien en auront formé le projet ! Qui n'a pas été arrêté par les réfléxions suivantes ?

Les scélérats autour de nous ont ourdi des trames d'une force affreuse. La religion du peuple est trompée. Nous sommes signalés comme des assassins. Nous n'osons conférer entre nous, nous réunir; nos pas sont suivis; nos démarches sont épiées; nos actions sont prévues. » Oui nous » nous jetterons au devant du Temple; nous y » pénêtrerons, ou nous saurons mourir. » J'ai tenu ce langage. Qu'allez-vous faire, m'a-t-il été répondu ! Vous êtes sans force et vous ne ferez que déterminer la perte de ses jours. De quelle terrible responsabilité, sans mission, allez-vous vous charger ? Votre force physique est nulle auprès de ces dégoutans satellites. Où sont vos trésors pour racheter l'innocent de leurs mains ? Pensez-vous qu'un Dieu ne veille pas sur lui? Ses parens Rois, ceux de la Reine connaissent leurs malheurs. Attendons tout du temps, du moment; il sera prévu sans doute; ne donnez pas par une étourderie vaine le signe de son égorgement, qui vous serait dû, qui serait suivi d'un affreux massacre, et que, si vous n'y périssez pas, ailleurs peut-être, quelque soit votre prétendue justification, vous payerez de votre tête.

Et le crime s'est consommé au milieu de Paris consterné, et la faux de la mort s'est promenée sur nous.

Tels ont été nos malheurs. Nul d'entre nous n'a pu les empêcher. Assez nous avons été victimes.

Et c'est servir S. M. que de dire ce que je blame dans les réflexions de M. de Chateaubriand, dès sa première ligne, dès sa première page;

1°. cette supposition de trois jugemens; forme oratoire et déclamatoire. Le sujet est tellement sérieux et considérable pour nous, que sans ces précautions recherchées, j'estime qu'il fallait aborder et poser sur le champ, sans supposition, la question qu'il voulait traiter.

Je blame encore, sous le rapport de la diction, (page 26) pour exprimer, avant de mourir, ces mots : » *Avant d'aller où Louis XVI est allé.* » *Louis XVI a fait le voyage.* » *Ceux qui l'ont contraint de partir si vite.* »

Sans-doute M. de Chateaubriand n'a pas relu ces lignes, je m'étonne même qu'il ait pu les écrire. Elles me semblent burlesques; elles me semblent une plaisanterie, un badinage, quand nul français, quelqu'il soit, en quelque situation qu'il se trouve, ne peut se représenter ces idées, qu'avec respect et douleur.

M. de Chateaubriand compare notre révolution à celle des Anglais, pese notre conduite à ce moment, et la leur à cette époque.

Abstenons-nous d'en parler. Ces comparaisons, leurs causes et leurs mobiles sont devenus le domaine de l'histoire. Dans une proclamation à la paix ne les recherchons pas. S'il se peut effaçons ces tableaux.

» La formule par la grâce de Dieu, (dit M. de Chateaubriand, page 51) se défend d'elle-même. Tout est par la grâce de Dieu. »

Ah sans doute ! malheur à l'homme, malheur au peuple, à la charte constitutive, qui ne rappelle pas la présence de l'auteur de la nature, qui ne signale pas notre soumission, notre reconnaissance en sa bonté, dans toutes les circonstances principales de la vie. Malheur à celui qui ne lui rapporte pas ses actions, les évenemens qu'il éprouve, qui ne sait pas le prendre à témoin de la sainteté des engagemens qu'il contracte librement.

Sans un magnanime et profond caractère religieux, jamais le Législateur ne produira rien de grand.

La Religion est le lien qui réunit tout ce qui respire. La Religion dans sa pureté, dégagée de de tout ce que tant d'hommes y adjoignent, est le principe de toute morale.

Celui qui méconnait un Dieu, qui d'accord avec sa conscience ne met pas en lui tout son espoir, est loin de toute véritable philosophie.

Page 51.

» Tout n'est pas dit dans le contrat social. »

Non ; la première cause de la société, son premier mobile, le principe de son action n'y est en quelque sorte point énoncé. Je veux dire la garantie de la propriété, sur laquelle tout l'édifice social repose.

Mais, nous en conviendrons, la grande majorité des pages du contrat social, est sans replique.

Page 51.

» Rome ne dût sa grandeur qu'à sa *piété* envers
» les Dieux. Nos petites *impiétés* politiques au-
» raient fait grandes *pitié* aux anciens. »

J'ai peur que cette assemblage des mots *pitié*, *impiétés*, *pitié*, ne soient un jeu de mots. Ce qui m'en convaincrait serait la qualification de *petites impiétés* politiques, qui ont été jusqu'à la persécution et l'égorgement de tant de citoyens et de prêtres.

Ne plaisantons pas sur les choses sacrées, ni sur la mort de nos semblables.

Page 61, 52.

» Il ne faut pas, dit Platon, soit qu'on bâtisse

» une cité nouvelle, ou qu'on en rebâtisse une » ancienne, tombée en décadence, il ne faut pas, » si on a du bon sens, qu'en ce qui appartient » aux Dieux, aux Temples, on fasse aucune » innovation contraire à ce qui aura été réglé » par l'oracle. »

Honneur à nos anciens philosophes, qui nous ont ouvert la carrière. Méditons leurs ouvrages, mais ne nous en tenons pas à la lettre. La raison humaine avance. Où en serions-nous si nous étions assujettis aux réglemens de l'oracle ? Nous croyons aujourd'hui que l'on faisait dire à l'oracle tout ce que l'on voulait.

Point de charlatanisme; la vérité le repousse. n'employons pas de moyens faux. La religion, la vérité pure et simple. Point de nymphe égérie; point d'illusions, de vains prestiges, nous n'en avons pas besoin. La religion à la portée de tous, s'attache à l'homme par la morale. C'est la voix de Dieu écrite dans notre âme.

Page 52.

» Dans toute constitution nouvelle, il est bon, il est

» il est utile, qu'on apperçoive les traces des » anciennes moeurs. Pourquoi la République fran» çaise n'a-t-elle pu vivre que quelques momens? » C'est, indépendamment des autres causes, qui » l'ont fait périr, qu'elle avait voulu séparer le » présent du passé, qu'elle avait voulu bâtir un » édifice sans base, déraciner notre religion, re» nouveller entierement nos lois et changer jus» qu'à notre langage.

» Ce monument, *flottant en l'air*, *qui n'avait* » *de point d'appui* ni dans *le ciel* ni sur *la terre*, » *s'est évanoui au souffle de la première tempête.* »

(Cette première tempête a bien long-temps duré !)

» Au contraire, dans les pays où il s'est opéré » des changemens durables, on voit toujours une » partie des anciennes moeurs se mêler aux nou» velles, *comme des fleuves qui viennent à se* » *réunir et s'agrandissent en confondant leurs* » *eaux.* »

Voilà des *comparaisons* qui font *images;* je ne les crois pas justement appliquées.

Page 19, il a été dit :

» Voudrait-on de la République ? (1) On est » guéri de cette chimère. »

M. de Chateaubriand, je vais avoir l'honneur de vous combattre ; mais pas avec assez d'avantages. Je regrette que vous n'ayez pas énoncé ces autres causes, qui ont fait périr la République.

Toujours retiré dans mes foyers champêtres, lorsque je n'étais pas en prison ; sans beaucoup de communications, de rapports extérieurs, je n'ai pu tout appercevoir. Vous m'eussiez prêté des données nouvelles. Mais désireux du bien de mon pays, méditant sans cesse, autant que mes faibles moyens intellectuels me l'ont pu permettre, j'ai cru appercevoir des causes, non encore complettement écrites.

Mes idées peuvent différer de celles de beaucoup de monde. J'ai fait de l'art social l'objet constant et religieux de mes études. A quoi servirait l'étude si elle n'amenait à d'autres résultats, que ceux adoptés par le plus grand nombre ?

---

(1) J'ai substitué le pronom indéterminé *on* aux termes employés, qui serait ici sans application.

Ces résultats sont différens, selon l'aptitude de celui qui s'y livre.

Aurais-je besoin d'exprimer mes regrets de penser avoir une opinion différente de personnes, que je respecte et que j'aime; sera-ce pour elles une raison de me mésestimer? Malheureux esprit de parti! L'opinion tient à la conscience, et l'on ne peut blamer que celui qui refuse de chercher à l'éclairer, et bien plus celui qui l'a trahit.

Mais c'est un devoir d'y céder. La mort chaque jour approche; qu'aurai-je fait? J'aurai entendu des paroles, que j'aurai jugées fausses, sans les avoir repoussées! Assez elles ont été proférées sous Robespierre, sous le Directoire. . . .

Page 52.

» Dans les *pays* où il s'est opéré des *change-*
» *mens durables*, les anciennes mœurs se sont
» melées aux nouvelles, comme les eaux des
» fleuves qui s'unissent. »

Cette phrase à l'Angleterre en vue, un *pays aux changemens durables.*

Depuis la restauration l'Angleterre est citée

comme possédant le chef-d'œuvre des Gouvernemens.

Non, selon moi, la constitution anglaise n'est pas le dernier terme de nos connaissances sur l'art social, précisément par la raison que nous apporte M. de Chateaubriand, pour nous vanter son excellence.

La constitution anglaise fût le produit de circonstances. Elle fût un attermoyement entre les partis. Cédez-moi ceci, fût-il dit, je vous céderai cela. Elle fût le produit de commotions, de secousses. Tous les meneurs y trouvèrent leur avantage particulier, et successivement cet état s'est perpetué.

De grands abus provoquèrent les changemens; donc il y eût du bien d'opéré. Mais cette constitution est-elle le *nec plus ultrà* de nos connaissances ? Non, la charte constitutive anglaise est fausse, parce que le pays est mal représenté; parce qu'elle fût le produit des agitations de la multitude; qu'elle fût entre les principaux une concession mutuelle, sans principes constitutifs, politiques, déterminés; parce que les attributions des pouvoirs publics, furent mal reparties.

Elle est mauvaise aux yeux de la sagesse, de la raison, puisqu'elle a permis sur la France *l'envahissement du Canada*, étant en pleine paix, sans déclaration préalable d'une guerre motivée; puisqu'elle permet sur le continent le versement continue de sommes énormes, pour bouleverser l'Europe; puisqu'elle a permis à force de manèges, de fourberies, d'assujétir l'Inde, pour satisfaire à sa soif de l'or; puisqu'elle établit la presse sur les vaisseaux des États-unis, nation libre et indépendante et qui serait bien constituée, si aux principes vrais, qui établissent son gouvernement, étaient ajoutés ceux qui doivent régler sa force intérieure et publique.

Les principes qui constituent l'Angleterre, sont faux, puisqu'elle a pu bombarder Copenhaque et détruire ses vaisseaux; puisqu'elle a renversé, incendié, tous les établissemens si recommandables de la ville de Washington, sans que le parlement d'Angleterre, sans au moins que la chambre des communes, en ait poursuivi la vengeance, comme actes subversifs de tous principes sociaux.

La Constitution de l'Angleterre est sans base,

puisqu'elle lui permet de s'approprier les mers.

Qu'est-ce donc que cette Charte tant préconisée? Elle permet les plus grands crimes. Elle n'a point de conduite prescrite ; elle est sans base , sans principes.

Ajouterai-je ? (on croira que c'est une dérision) pour prouver l'excellence de la constitution anglaise ; pour (page 53) prouver son heureuse amalgame des temps anciens à ceux nouveaux , M. de Chateaubriand observe , » que dans certains » comtés un mari peut exposer sa femme aux » marchés publics , et qu'on y trouve l'heureux » contraste de la liberté avec la servitude.

» Pourquoi (page 52) la République française » n'a-t-elle pu vivre que quelques momens ! »

J'en donnerai une raison principale ; elle n'a pas encore (je crois) été posée.

La République française n'a pu s'établir sur de solides bases , par l'oubli d'une mesure , réclamée cependant par beaucoup de bons esprits ; par le défaut de l'appel d'une force armée départementale autour de l'assemblée constituante. Elle eût maintenu l'ordre dans Paris ; elle eût assuré la liberté des opinions ; elle eût arrêté tout mouvement, pour ne voir s'établir que le regne paisible et absolu des lois. Mais d'affreux partis s'étaient formés, même avant l'ouverture de l'assemblée. L'or prodigué, appelant un ramas de gens sans aveu, mû par des mains perfides, sema la corruption, les violences, les incendies, les massacres ; une trop grande partie de l'assemblée pût se laisser intimider, tandis que d'autres se vouerent à un affreux silence, pour ne point provoquer de nouveaux désordres ; et delà des lois, sans proportion, sans aplomb, sans bases suffisantes, sans garanties, ont amené tous les malheurs.

De nouvelles tentatives fûrent successivement faites pour les réparer ; vains projets qui n'étaient que des prétextes, dont s'emparaient de nouveaux intrigans. Les élections reposaient sur de fausses bases, elles devaient être dirigées par un mauvais esprit. Le propriétaire était étranger, était insulté au sein de l'assemblée d'élection, dont il faisait partie. Qu'attendre de semblables élémens ? L'on commençait le travail avec le desir du bien, mais dès les premiers pas les factions avaient prévalu.

L'assemblage était mauvais.

L'article que vous avez fait passer au nom du comité de constitution (fût-il dit en 1795, à M. le Rapporteur du comité,) nous laisse sans garantie, nous reportera aux fureurs de 93. » Cela se peut, » répondit-il, vous pouvez avoir raison, mais » les circonstances ne nous permettent pas de » faire mieux. » Eh quoi, lui fût-il répondu, » vous vous laissez maîtriser par les circonstances » toujours éphémeres? Les vrais principes constitu- » tifs sont de tous les lieux et les temps; les besoins » des peuples civilisés sont les mêmes. Les bases » ne sont en nous, dépendantes de notre organisa- » tion, indépendantes d'un vain tumulte. Vous » cédez aux circonstances, vous bâtissez sur le » sable, vous croulerez avec lui. »

M. le Rapporteur me faisait la réponse que faisait *Solon*, lorsqu'interrogé sur les lois, il disait, qu'aux Athéniens il n'avait pas donné de bonnes lois, mais les meilleures que le moment permit. M. de Chateaubriand reproduit ce raisonnement. Dans la bouche de M. le Rapporteur il me fît une peine mortelle. Composer avec les vrais principes, lorsqu'il s'agit de constituer un peuple, de tracer ses devoirs et d'établir les moyens de les remplir. Ah ! proposez ce qui doit invariablement être fait, dussiez-vous être renversé, détruit, ou quittez la tribune. Dire les droits, les devoirs d'un peuple, établir l'ordre qui doit régner dans son sein, veut force et génie : c'est travailler pour tous les lieux, pour tous les peuples, pour la postérité.

Ce n'est pas pour avoir voulu séparer le présent du passé ; ce n'est pas pour leurs atteintes à la religion ; ce n'est pas pour avoir renouvellé entièrement nos lois ; ce n'est pas parce qu'elles changèrent notre langage, que nos constitutions se sont évanouies. Non ; ce sont les factions et les bayonnettes qui les ont changées, et qu'est-ce qui permît à ces événements fortuits de prévaloir ? Ce fut parce que les véritables bases des lois étaient vaguement posées ; les attributions des différens pouvoirs mal distribuées ; parce que ces bases incomplètes donneront lieu à des interprétations funestes. Parce que toutes les notions de la morale furent perverties ; parce que les Gouvernemens divers furent constitués sur de méchans principes, provoquant tous les abus; parce que nos institutions furent fausses ; la force publique principalement mal créée, mal organisée, et que la prétendue République, chose de tous, chose à tous, était la chose d'individus très-particuliers.....

Peut-on faire bien sans liberté d'opinion ?

Quelle sera, me sera-t-il dit, la Constitution à votre sens la meilleure ? (1)

---

(1) Note intercalée 6 mai 1815.

MM. de St.-Simon et Thierry, (Projet de réorganisation de la Société d'Europe, chap. 4, de la meilleure constitution possible.) pages 33 et 35, établissent une règle sure pour juger de la bonté d'une loi : » Quelle soit d'abord considérée en masse, dans son » ensemble [*à priori*] puis dans tous ses détails [*à posteriori*]. » Dans son ensemble, elle sera d'intérêt général ; dans ses détails, » elle sera conforme à l'intérêt particulier. »

Un sénat [formé de députés des départemens] remplirait le premier objet. Un Tribunal composé des députés d'arrondissement assurerait le deuxième.

Ces deux corps ayant également la proposition des lois. Mais en dernière analyse j'exigerais l'assentiment du sénat, eût-il d'abord lui-même provoqué la lôi. [Ses membres qui peuvent être âgés de 40 ans, doivent offrir plus d'aplomb et de sagesse, et juger mieux si l'intérêt particulier en même-temps est général.

Ce sera celle où seront le plus expressément posés, 1°. Les principes de toutes lois politiques, con-

---

Mais pages 37 et 38 » Il faut un pouvoir *modérant*, ayant le droit de rejetter les lois vicieuses et d'en proposer d'autres.

Je ne suis point de cet avis.

J'appellerais ce pouvoir *absorbant*. Avoir le droit de rejetter les lois, est positivement la faire ; c'est n'en avoir que pour soi, c'est substituer l'intérêt du Gouvernement à celui du gouverné.

Rien de mieux qu'un troisième pouvoir pouvant offrir de nouvelles considérations, et réclamant (s'il estime y avoir lieu) un nouvel examen. Mais c'est tout.

Dans une Charte constitutive les attributions de toute autorité doivent être distinctes et précises. J'exigerais même qu'indépendamment de l'exécution toujours prompte et franche, toute instruction, tout développement, tout acte du pouvoir exécutif fut soumis au pouvoir législatif propre ; je veux dire aux deux chambres, afin de s'assurer que, suivies dans le sens voulu, les lois dans leur exécution n'ont pas été modifiées.

Le chapitre 4, de M. de Saint-Simon sur la meilleure Charte constitutive, ne change rien à mes idées ; il me les confirme.

Chapitre 5. Constitution anglaise, page 41, M. de S.-Simon dit :

» Le roi ne peut avoir d'autres vues que des vues générales, n'a
» d'autres intérêts que des intérêts généraux. »

Si cette proposition est vraie adoptons le despotisme.

Page 42, Chambre des pairs, il est dit :

» Il était à craindre que le roi n'influençat les décisions des com-
» munes. »

cernant nos rapports tant intérieurs qu'extérieurs.

2°. Les principes des lois civiles ;

Page 43 ensuite.

» Les pairs arrêtent, à l'égard du roi et des communes, la pente » naturelle qu'ont les individus, les corporations vers le pouvoir » absolu. »

Ainsi les pages 42 et 43 détruisent l'assertion, page 41, que le prince n'a que des vues générales. C'est se contredire bien vite.

Quelle rage ont les Français de préconiser la Charte anglaise, à mes yeux, échafaudage gigantesque et faux !

Passons bien des pages de ce livre sans les approuver ; mais chap. 2, livre 3, page 66, on lit :

» Les Français ont besoin d'être sous la tutelle des Anglais. »

Qui sera de cet avis ?

J'aime l'Anglais à Londres; je l'aime chez moi; si je puis remplir vis-à-vis de lui tout les devoirs qu'imposent la considération et la plus noble hospitalité. Mais avant de proférer les mots ci-dessus ma langue sera glacée.

Page 97.

» Qu'on se figure l'Angleterre écrasant tout ce qui s'élève, etc. »

Comment énoncer ces forfaits et faire en même-tems l'éloge de cette Charte. Ils en dérivent par l'organisation des pouvoirs qu'elle établit. [D'où provient donc tant d'aveuglement?]

Au livre 3, pages 63 etc.

M. de Saint-Simon veut nous confédérer de telle sorte dès ce moment avec l'Angleterre, que nous ne fassions qu'un même corps avec elle.

3°. Des lois de police ;

4°. Des lois de justice distributive et répressive ;

5°. Enfin des lois d'administration ; (résumé en quelque sorte des lois précédentes.)

Le gouvernement, deuxième partie de la Charte, sera d'autant meilleur, qu'il sera la plus juste application des principes.

La meilleure charte constitutive d'un peuple est celle qui règle, d'une manière précise et positive, ses droits et ses devoirs ; qui allie la justice à la force , et est pour les peuples voisins un objet de confiance et d'amour ; celle qui, conformément à la morale, à la justice, d'une manière absolue règle sa conduite.

Edifice majestueux et magnifique !

Qu'elle soit pour l'ensemble ce que doit être l'éducation pour l'enfant :

Le plus grand moyen de développement de ses forces physiques et morales !

Projet que ni elle ni nous ne pouvons en ce moment consentir. S'il se peut, soyons amis ; mais en notre intérieur restons, quant à présent, chacun libres, souverains, indépendans. J'ajouterai : n'adoptons pas sa Charte constitutive.

» Pourquoi (page 52) la République française » n'a-t-elle pu vivre que quelques momens ? »

J'ai avancé, parce que produit du tumulte, ses bases étaient fausses et que les attributions confiées aux différens pouvoirs étaient mal combinées.

J'ajouterais : une assemblée tumultueuse ne peut pas l'établir.

Nous avons eu l'exemple dès états unis de l'Amérique, qui, réunis en une assemblée souveraine, se sont constitués en République, adoptant les principes les plus sages.

Mais les circonstances qui ont présidé à sa naissance, ont différé de celles qui nous ont enveloppés.

Fatigués des injustices de la mère patrie, ils avaient pris les armes pour établir leur indépendance. Les chances d'une guerre heureusement terminée, avaient rallié tous les cœurs. Nulle opposition intérieure ne pouvait alors se faire sentir ; *nulle interposition étrangère* ne solda le scandale, le pillage, la flamme et les massacres ; tous étaient éclairés ; tous voulaient l'ordre et Washington avait commandé leur armée.

Avec quel noble désintéressement ce héros, cet homme de bien, ce grand homme déposa les armes ! (1)

Ainsi une nombreuse assemblée pût n'avoir qu'un même esprit.

---

(1) Voici ce qui m'a été rapporté à ce sujet par un officier français qui avait fait la guerre près de lui.

Washington avait signé l'indépendance de sa Patrie.

Revenant à Philadelphie, à mesure qu'il s'avançait, il licentiait par partie son armée. Enfin à quelques journées, près d'arriver, il rassemble le peu de troupes qui lui restent. Il s'applaudit avec eux du succès de leurs armes; il leur déclare que, libres, ils peuvent retourner chacun en leurs foyers, et leur demande après avoir jusqu'alors donné l'exemple du courage et de toutes les vertus guerrières, d'offrir chez eux celui de toutes les vertus patriotiques, sociales et privées. Il les déclare libres, ajoutant que si quelques circonstances pouvaient encore rendre leurs forces nécessaires, il se hâterait de les rappeler, et qu'il compterait sur eux tous. Il partagea avec eux ce qu'il avait, et ils quittèrent leur général avec larmes.

Arrivé à Philadelphie, il se rendit au congrès. Il n'était entouré que de quelques amis. Il lui rend compte que sa mission est terminée et se retire.

Sorti, les membres du congrès qui ne l'attendaient pas encore, se trouvèrent intimidés, et craignant sa popularité, l'ascendant qu'il avait su mériter, ils délibérèrent s'ils ne lui appliqueraient pas les

Mais ici les factions étaient debout ; dès avant l'ouverture de l'assemblée constituante, il y avait résistance. » Il faut que cela aille mal, disait-on, » afin que cela cesse d'aller. » Les opinions exagérées ne permirent plus à une opinion raisonnée de prévaloir. Les digues, les bornes du pouvoir furent forcées ; le crime fut soldé. Les plus honteux moyens furent employés pour réussir. . . . . .

Ils étaient incompatibles avec la sagesse, et peut-être généralement, à moins de circonstances fortes, une assemblée ne peut-elle dicter une Charte constitutive ? Si dans le calme, dans le plus profond silence, méditant longuement de tous ces moyens sur nos rapports, nos droits, et nos

---

lois rigoureuses, antiques de l'ostracisme. Mais ils convinrent qu'il était trop tard; qu'il eut fallu prévenir son arrivée. Au milieu de la ville il était trop puissant ; ils se résolurent à céder. Ils se séparèrent, et chaque jour se réunissant sans bruit, ils étaient surpris de ne recevoir aucun ordre. Enfin le huitième jour l'un d'eux s'enhardit. Il se charge d'aller chez lui savoir quelle peut être sa pensée.

Depuis 6 jours il avait quitté Philadelphie ; déjà il était rentré dans ses domaines. O noble Washington ! ton salaire fut dans ton âme.

plus

devoirs, l'homme réfléchi a peine à en appercevoir le principe ; s'il a peine dans tous ses développemens à en suivre le fil, rapportant tout à un même but et combinant toute institution pour se co-ordonner, se prêter une force mutuelle ; comment deux personnes pourraient-elles s'entendre dans un tel travail ? A plus forte raison ne peut-il être l'œuvre d'une assemblée ?

Cependant ce qui s'est fait, rentrait dans cette idée.

Un comité était chargé de cette préparation, et le rapporteur en faisait à peu près, je crois, seul le travail, le soumettant ensuite au comité ; il était ensuite rapporté à l'assemblée. Cette marche devait être la meilleure ; mais une Constitution ne se commande pas ; ce travail exige d'être long-temps réfléchi ; il faut que l'esprit y soit préparé, *disposé* ; et quand il est achevé, il faudrait qu'il fût quelque temps soumis à l'examen public.

Mais bientôt, si réellement il était bon, que l'intérêt public s'y trouva seul satisfait, de toutes parts serait un affreux débordement d'intérêts particuliers, voulant avoir des places. Il n'y en aurait plus d'établies pour eux. Il n'y en aurait plus, qui vous donnassent une fortune colossale inutile. Peut-être aurait-on posé en principe » *qu'une charge, une fonction » publique ne doit point être un moyen de » fortune; que cette fortune ne doit être le prix » que d'une industrie, d'un travail particulier, » et que le salaire d'une charge est l'amour et » la considération publique.* » Si tel était son dire, alors tant de voix s'éleveraient contre cet affreux auteur, qu'il serait difficile de penser, qu'il a proposé le bien public, lorsque tant de cris de tous côtés seraient lancés contre lui; bien heureux si pour ce fait il n'est pas déclaré convaincu de crime de lèse nation.

L'histoire ne nous avait jusqu'ici offert l'exemple que de législateurs individuels. Celui qui proposait une loi nouvelle, paraissait en public, une corde au col, responsable de la loi.

Afin que nécessairement il eût en vue le bien public, le législateur, pendant un temps déterminé, ayant rempli sa mission, ne doit pouvoir faire partie d'aucune autorité principale; n'être revêtu d'aucun pouvoir public important.

De ce que je viens d'exposer, il s'en suit donc, que le plan d'une Charte constitutive ne peut en quelque sorte, dans son ensemble, être embrassé et suivi que par un seul homme. Mais elle est si vaste dans ses détails, et chacun a évidemment le droit d'en essayer le travail approfondi.

A quel caractère pourra être jugée la Charte la meilleure, la plus sage, la plus positive ? A quels signes la reconnaître ? Une charte, fondement du bonheur public, ne peut être adoptée sans examen, par précipitation, de confiance, par enthousiasme. Il faut une discussion, des débats. Comment la faire connaître à tous ; comment en établir le choix raisonné ?

La meilleure charte sera simple dans ses principes et nécessaire dans leurs conséquences. Son caractère est d'être à la portée de tous, et de réunir tous les intérêts vrais. Ce qui me convient est ce qu'il importe à mon voisin qui soit fait. Je me suis trompé si je n'ai pas apperçu nos besoins mutuels, les mêmes, et si je n'ai pas su lire dans son âme.

Pour la distinguer, et auparavant pour la faire naître, et pour la débattre, je suis d'avis :

Qu'au sein de la paix, un temps soit donné pour chacun recueillir ses idées sur la Charte constitutive désirée, et les transmettre à 9 exemplaires à l'autorité publique.

Six mois seront donnés. (Pour bien opérer ne soyons pas précipités.)

A cette époque une assemblée formée d'un député par département, se réunit au chef-lieu de l'Empire.

(Ces députés et leurs supléans sont nommés par les élus des assemblées primaires, réunis au chef-lieu du département. Ces élus sont au nombre de 3 par assemblée primaire. Je reconnais à l'assemblée primaire, le titre d'assemblée section de la souveraineté.)

Cette assemblée dans l'intervalle de deux mois, fait par bureaux le dépouillement des idées transmises. Elle en fait le rapport en assemblée publique et chaque membre sur la Charte à sa volonté, est successivement entendu.

Ces préambules remplis, l'assemblée au scrutin

individuel, à la majorité absolue des suffrages, se réduit à neuf membres, si deux tours de scrutins par membre à élire n'ont pas réunis la majorité, il est pourvu au choix restant par la voie du sort. Les autres se retirent.

Ces 9 membres sont partagés en trois bureaux sans communication entr'eux.

Ils ont sous les yeux nos précédentes constitutions, les projets offerts, les rapports qui en ont été faits, et les discours motivés des députés.

Dans les trois mois chaque bureau émet son projet de charte constitutive. Il en peut être émis neuf.

Nul corps armé soldé n'approche de trente lieues du chef-lieu de l'Empire, durant la session de l'assemblée des députés et de celle de la commission des 9. Ils sont entourés d'une garde départementale, formée par arrondissemens, sur inscriptions volontaires.

Les projets de Charte sont soumis au choix des assemblées sections de la souveraineté.

Le vote de chaque assemblée est porté par un envoyé. (*missus Domini*, envoyé du souverain.)

Réunis au chef-lieu de l'Empire, les envoyés font le dépouillement des votes.

La Charte adoptée, loin de toute troupe armée soldée, est sur le champ obéie. Les envoyés, entourés de la garde départementale, restent deux mois assemblés. Ils répondent de l'exécution littérale de la Charte.

Leur mission expirée, ils ne peuvent de deux ans, ainsi que les membres de la commission des 9, faire partie d'aucune autorité centrale, ni être membre d'aucune cour de justice. Ils rentrent dans la classe de simples citoyens. C'est pour eux qu'est rédigée la Charte constitutive; c'est pour eux qu'elle est obéie.

Si le résultat de la majorité des votes des assemblées sections de la souveraineté, ne donne pas l'adoption d'une Charte constitutive, les débats s'en ouvrent entre les envoyés et il est statué par eux (si un quart des assemblées a rejetté tous projets) qu'une nouvelle assemblée de députés des départemens sera convoquée.

Si non, leur transmettant leurs debats, les assemblées, sections de la souveraineté, sont appelées à réexprimer leurs votes, qui seront dépouillés à la pluralité relative.

Quelle discussion, quels moyens seront plus légitimes, exacts et solemnels ?

Les États-unis n'eurent pas besoin de tant de formalités ; un même esprit les anima, et leur permit, en assemblée nombreuse, de fonder leur République.

Peut-être leur Charte aurait-elle besoin d'être revue ?

1°. Pour parer à quelques oppositions, qui semblent s'être élevées en différents états relativement à leur autorité centrale, points faciles à concilier, puisque leur parfaite indépendance mutuelle dans leur régime intérieur, et leur parfait accord dans les attributions générales (pour l'intérêt de tous, confiées au congrès), peuvent seuls leur apporter le bonheur et la gloire.

2°. Ils ont (à mon avis) besoin de revenir sur leur Charte, afin de réorganiser leurs forces intérieures tant terrestres que maritimes ; classant les hommes par âge ; les déclarant tous nés soldats ;

faisant du maniement des armes et des principes des évolutions militaires, l'objet d'une éducation publique et nécessaire ; et distinguant parfaitement une police positive des effets de l'armée, qui jamais ne serait appelée qu'au cas d'une légitime et nécessaire défense.

Je viens d'avancer ces idées et l'ouvrage de M. Félix de Beaujour, intitulé : *Apperçu des États-unis d'Amérique*, m'est parvenu. J'ai besoin d'envisager un moment ses idées. J'ai besoin d'en combattre une partie, applaudissant à ses vues générales sur le commerce.

Je n'ai pas l'honneur de connaître M. Félix de Beaujour ; mais son livre est imprimé, et il répandrait une doctrine que je ne crois pas juste, que je crois positivement fausse et dangéreuse.

» Le gouvernement des États-unis (avance-t-il, » page 68) a tous les vices des Gouvernemens » fédératifs, et il est même dans son genre mal » constitué, parce qu'on ne lui a pas donné assez » de force. »

» Il a tous les vices des Gouvernements fédé-
» ratifs ! »

Mais si le mot société implique l'idée d'association, de fédération, d'alliance plus ou moins étendue !

Si loin d'isoler tous les peuples, nos efforts doivent tendre à les allier, à les fédérer au moyen de principes bien simples, bien sages, bien positifs ; tout Gouvernement fédératif est-il nécessairement chargé de vices, et celui des États-unis d'Amérique les a-t-il tous ? Je ne le pense pas.

Le mot société désigne une association formée d'individus mettant en commun une masse de facultés quelconques, selon les forces de chacun, pour obtenir ensemble, à frais commun, un avantage, un bien déterminé.

Le mot fédératif, en latin *fœdus*, signifie association, alliance entre parties dictinctes.

Si la société n'est pas circonscrite à un petit nombre d'individus ; si elle n'a pas pour but un seul objet ; mais si elle est étendue, si elle embrasse tous les rapports entre les hommes, il est clair que cette société devient une véritable association, une véritable fédération.

Cette société sera obligée, se considérant en masse, de se diviser et se subdiviser beaucoup, afin de pouvoir s'appercevoir individuellement, pour ensuite pouvoir se groupper successivement dans un ordre facile et s'établir par masses alliées, se réunissant en un centre d'opérations et d'action.

Chaque nœud, qui unit une partie sociale, a le caractère réel de l'union, de l'alliance, de la fédération.

Chaque portion, chaque partie du tout aura intérêt à l'association à rester unie, *si elle jouit dans son intérieur de toute la portion de liberté qu'il importe à chacune de conserver, & si elle a déposé, si elle a réuni entre les mains d'autorités centrales toutes les attributions, que pour leur sûreté, leur grandeur, leur avantage mutuel il est de son intérêt de mettre en commun.*

Elles ont toutes intérêt à l'union, et d'autant plus qu'elles sont éclairées. Elles ont chacune leur travail, leur différente industrie; elles veulent chacune en disposer elles-mêmes; elles ne veulent pas dépendre l'une de l'autre. Chacune pour conserver ses droits sait les respecter dans les autres.

Il n'y a entr'elles ni haines, ni rivalités, ni prééminence, ni supématie ; mais accord, intelligence, association, fédération.

Chacune conserve son indépendance dans son régime intérieur, et met en commun les attributions qui, cimentant leur union, garantissent leur sûreté, leur splendeur et leur gloire.

Système, j'ose le dire, qui entraîne toute mon admiration, objet de tous les vœux du sage, éminamment convaincu, que tous les hommes sont frères ; que leur félicité mutuelle ne peut consister dans de perpétuels massacres à se commander, à s'asservir ; mais qu'ils ont tous besoin de se protéger mutuellement, de se soutenir, de se défendre ; et que leur plus grand intérêt est de s'aimer.

Qui peut avancer que les hommes, que les peuples, loin de se nuire, loin d'avoir de sottes jalousies, de sottes haines nationales, ne doivent pas mutuellement s'estimer et s'entendre ?

Elles seront donc fédéralisés !

Bien des causes concoureront à rendre cet état précaire.

1°. Cet état de paix, d'industrie rend le travail nécessaire, et que de gens veulent être riches, veulent dominer sans travailler !

Des voisins seront jaloux d'un système simple, qui ne permet pas d'être envahi, qui peut à tout instant, *pour se défendre*, *présenter une aussi grande masse de forces.*

Des voisins seront jaloux de l'exemple d'un tel système, qui peut entraîner par le sentiment de sa douceur et de son bonheur les peuples civilisés et les amener à s'entendre ainsi tous, pour cesser très-inutilement de se nuire.

Car, *laissez chacun maître chez soi*, *protégez-vous mutuellement & toutes les guerres tombent.*

Ces systêmes de guerres continues satisfont les ambitieux, avides de commander, avides de pillage, avides d'une fortune acquise sans travail : ils détournent les peuples de revenir sur eux, de jetter les yeux sur eux-mêmes, afin que leur ordre intérieur puisse servir à leur véritable avantage.

Ainsi, les Romains dans leur faux systême de gouvernement, pour conserver leur tranquillité inrieure, ne cessaient de porter au-dehors la guerre t ses massacres.

Ainsi, l'or corrupteur de Philippe sema la divi-ion dans la Grèce.

Ainsi, des voisins dominateurs exciteront au sein e ces états prospères, fédéralistes, toutes les tor-hes de la désunion, de la discorde, et feront ourner, à la perte de ces états même, les principes ages qui les constituent.

Ainsi, la presse sera libre, et l'on vomira sur on territoire les écrits les plus faux, les plus in-endiaires, les plus subversifs de l'ordre établi, i conforme aux principes d'éternelle justice.

Ainsi, l'honorable M. Jefferson, alors président des États-unis d'Amérique, il y a peu d'années, dans son rapport au congrès, avançant » qu'avec » orgueil, tout habitant des États-unis pouvait se » vanter de ne connaître dans l'intérieur du pays » nul percepteur de taxes, se plaignait-il amère-» ment de cette multitude d'écrits incendiaires » versés sur leurs territoires et tendans à pervertir » l'opinion publique? »

Je crus appercevoir un remède à ce fléau. La

lettre qu'à ce sujet j'eus l'honneur de lui adresser, lui sera-t-elle parvenue ? en voici le précis :

» La liberté de la presse est un droit acquis à » l'homme civilisé.

» Il est le plus grand moyen de perfectionne- » ment parmi les hommes, et le premier besoin » de son esprit, de son âme.

» Il est reconnu par les Chartes Américaines. » Il est la base de leur liberté. Y toucher, elle » est renversée. Que tout écrit, que tout imprimé, » toute caricature, toute gravure, au moment où » ils sont publiés, soient au nombre de plusieurs » exemplaires transmis à l'autorité civile.

« Que tout ce qui sera présumé attenter aux » bonnes mœurs, porter le caractère du mensonge, » de la calomnie, et provoquer le désordre, soient » transmis aux tribunaux..

» Mais il est des questions d'intérêt général sur » les mœurs, la politique, la religion, apparte- » nantes à tous, dont les tribunaux ne peuvent » connaître, sur lesquelles les opinions émises » peuvent être le produit non seulement de l'erreur

» mais de la mauvaise foi, de la méchanceté » soldée.

» Que dans les administrations secondaires, » dans celles centrales de chaque état et au chef-» lieu du gouvernement, il soit nommé des com-» missions composées aux premiers dégrés de » trois personnes, de six aux deuxièmes dégrés, » de vingt au chef-lieu de l'Empire, recomman-» dables entre les savans et les sages.

» Qu'elles soient chargées de prendre connais-» sance de tout écrit demandant à être vérifié » pour l'intérêt de tous.

» Que tout ce qui est art technique soit par » elles adressé à des gens de l'art; et sur tout ce » qui peut intéresser la morale, la politique, la » religion, au cas où elles seraient jugées fausse-» ment interprêtées, qu'elles ayent à en rendre » un compte raisonné et public, successivement » par elles débattu.

» Alors devant cet examen profond et raisonné » tomberont *toutes ces subtilités*, *tous ces rap-» ports exagérés*, *toutes ces préventions fausses* » avancées par la mauvaise foi. L'intérêt public

» est facile à saisir. L'émission d'une opinion » mensongère n'a pas l'effet de la poudre, qui » nous donne la mort. Elle offre à l'esprit des » doutes, sauve-gardes de la liberté publique.

» Alors tout homme de bonne foi, incertain » dans son opinion, sachant que, si elle peut » être jugée dangereuse, un compte public en » sera rendu, attendra pour se déterminer le » jugement, avoué par le gouvernement, pro- » noncé par les sages, et qui à juste titre va » rester subordonné au tribunal suprême de l'o- » pinion publique. »

Cette mesure simple adoptée parmi nous me semblerait tout concilier, maintenir la liberté de la presse et réprimer tous ses excès et ses abus.

M. Félix de Beaujour avance (page 68) » que » le gouvernement des Etats-unis a tous les vices » des gouvernemens fédératifs. »

Il ne les spécifie pas.

Je nie que par lui-même le gouvernement fédétif soit vicieux. Il lie des parties distinctes. M. Félix aimerait-il mieux les asservir ? avanta-

geux

geux aux parties contractantes, qu'il fait jouir à la fois du bienfait de l'indépendance et de celui de l'union, il est encore par sa douceur favorable à tous les peuples, étendant à tous les hommes ses principes de bienveillance et d'accord.

J'établis en opposition, à M. Félix de Beaujour, qu'il est *de l'intérêt de l'humanité, de l'intérêt de tous les peuples, que les gouvernemens se fédèrent,* c'est-à-dire, se reconnaissans mutuellement souverains et indépendans, qu'ils établissent entr'eux une sorte de tribunal, un congrès où le député et suppléant de chaque nation, sans faste comme sans orgueil, sans autre préeminence que l'âge, viendrait cimenter l'union commune, se garantir une mutuelle défense, statuer sur leurs rapports réciproques et transiger sur toute querelle.

Je voudrais bien savoir quel serait le vice d'une telle institution et si elle n'est pas susceptible de toute force.

Et tel est le vœu que je forme, l'objet de toutes mes espérances.

Sans nul doute, nul gouvernement n'est parfait, mais il tendra à le devenir, s'il est le produit de la sagesse, des lumières; si la *Charte constitutive réserve à la volonté publique, toujours souveraine, les moyens de se faire entendre toujours sans effort et sans danger; s'il lui est réservé les moyens de revoir sa Charte, toutes les fois qu'elle en éprouve le besoin et à époques fixes, afin de se trouver forcée de revenir souvent sur elle-même, pour s'assurer si cette Charte lui convient encore; si elle est obéie; si nulle institution créée n'a déviée; si elle est ou non susceptible de réforme en totalité ou en partie; et si à ses yeux, elle est le complément des lumières acquises.*

La volonté générale indépendamment des circonstances où elle veut se faire eutendre, *s'émet à époques fixes*, afin de ne *pouvoir être éludée, étouffée*, et afin qu'*habituelle, elle se manifeste sans secousse et sans agitation.*

Ce retour est de droit, si le propre de la société (à moins de catastrophes, qui, si elles ne sont pas le produit de causes physiques matérielles, doivent être prévues par la Charte) si le propre de la société est une existence non interrompue.

Sans cesse elle se décompose, se reproduit, se détruit et se renouvelle.

Avec respect et reconnaissance la génération présente profite des travaux, des lumières, de l'expérience des siècles passés, elle dispose du moment présent, pressent l'avenir ; elle est sans pouvoir sur la génération qui la suit.

Cet examen prévu, à l'avance réglé, n'entraine nulle *vacillation*, nulle *commotion.* Loin de cela il est *garant de l'ordre.*

Poser les lois n'est pas administrer, agir ; la volonté souveraine est maintenue indépendante, et l'ordre ancien subsiste jusqu'au moment où l'ordre, reconnu le meilleur, lui est substitué.

Les avantages de la fédération la plus générale, me paraissent devoir être palpables à tous. Je les juge évidens.

» Dans son genre même (page 68, de M. Félix de Beaujour.) » le gouvernement des États-unis » est mal constitué, parce qu'on ne lui a pas » donné assez de force. »

» Qu'attendre d'un gouvernement (page 70)
» conduit par des avocats, des gens de loi,
» espèce d'hommes le moins propres à en gou-
» verner d'autres, ayant l'esprit faux, le caractère
» émoussé, &c. »

Le gouvernement des États-unis a, selon moi, toute la force, qui lui est nécessaire; et j'estime qu'il n'a lui-même ni le desir ni l'envie qu'elle soit augmentée.

Il peut désirer (je crois) que la force publique matérielle de chaque état, que celle des bras soit mieux préparé, et étant classée par âges, devienne un moyen de sûreté plus puissant, et d'une action plus prompte.

Il peut désirer qu'un mode sage sur la liberté de la presse, paralise, éclaire les intentions perverses de gouvernemens perfides.

Mais si éclairée sur ces menées fausses, chaque portion de l'Empire sait apprécier les bienfaits de l'union; si le gouvernement américain fédératif est composé de députations égales de chaque état; ne pouvant d'après sa composition que vouloir l'avantage, la félicité générale, de quelle force peut-il manquer? Produit des suffrages, effet de la volonté publique, serait-ce en vain qu'il la convoquerait, qu'il l'appellerait à une aide particulière à la fois et publique. Quelle force est au-dessus de l'union des volontés ? Elle ne s'achete pas au poids de l'or. Elle est le produit des bienfaits et le salaire de la vertu.

Le pouvoir exécutif lui-même ne me parait pas devoir désirer voir s'accroître les attributions, qui lui sont confiées.

Ainsi que les deux chambres, ayant le droit de proposer les lois qu'il juge nécessaires; ayant le droit d'offrir son opinion sur celles offertes, que peut-il désirer au-delà ? Sa conscience se trouve satisfaite et ses devoirs remplis.

L'accroissement de pouvoirs exige une plus grande responsabilité réelle, soit que l'on puisse ou non en demander le compte. Il augmente les travaux, les devoirs.

Les pouvoirs distincts donnent une marche simple, positive. Réunis ils excèdent nos forces individuelles, et amènent confusion, désordre et tyrannie.

En vain, selon moi, (page 169) M. Félix de Beaujour avance, » que les principes de dissolu» tion existent déjà dans les États-unis; qu'un

» aussi grand Empire ne peut être maintenu par » un aussi faible lien, que celui d'un gouvernement fédératif.

» Et que les États sont opposés ; ceux de l'est » versans leurs produits dans l'océan. Ceux de » l'ouest les exportans par le Mississipi ; les » États du sud ayant un tiers de leur population » esclave ; et ceux du nord partout voulant » établir la liberté. »

Ici se présentent les questions relatives à l'étendue des nations.

J'aurai à répondre à la fois à M. Félix de Beaujour, au sujet du grand Empire des Etats-unis, distribuans en tous sens leurs productions ; et à M. de Chateaubriand, qui veut que toute Constitution soit locale ; et j'aurai à combattre tous les écrits d'un temps récent, qui répétaient jusqu'à satiété : qu'un état étendu ne pouvait adopter un pouvoir républicain. Ils s'accordaient tous encore à dire : que prétendre qu'un peuple éclairé doit être régi par une Constitution écrite, c'était avancer une absurdité et vouloir le désordre.

Jusqu'où la flatterie n'emporte-t-elle pas les vils mortels ?

DE L'ÉTENDUE D'UN PEUPLE.

Idées générales.

Ce n'est point l'étendue d'un peuple qui détermine les bases de son gouvernement ; ce sont ses lumières.

Les principes, qui constituent un peuple civilisé, sont les mêmes pour tous les lieux, les temps et l'étendue. Partout ils ont une même organisation physique et les mêmes besoins intellectuels.

Les qualités, les productions du sol sont différentes, ainsi que les mœurs, les tempéramens, les habitudes. Ces objets sont secondaires. Les principes sont généraux.

Par tous pays les hommes réunis en société ont le droit de se régir, et s'appartiennent à eux-mêmes.

C'est une suite du principe, que j'établirai plus bas, qui dérive de la première condition sociale, et qui, si sa justesse est reconnue, détruit tout prétexte à l'envahissement, au prétendu droit de conquête et rend chaque pays à lui-même. Je

J'énoncerai ainsi : » le droit de souveraineté est » inhérent à l'habitant propriétaire. »

Partout ils ont le besoin détablir la sûreté, l'ordre et tous les moyens du développement de l'industrie.

Réunis en société, civilisés, ils ont perdu pour ne plus pouvoir le reprendre, l'habitude de se nourrir de mets sauvages. Ils n'imiteront plus l'animal fugitif vivant à l'aventure. L'homme civilisé, éclairant son intelligence, a contracté des habitudes, qui lui ont donné des besoins nouveaux. Son existence est fondée sur le travail. Ne se suffisant plus à lui-même, il donne la plus grande partie du produit de ses facultés en échange.

Autre fois il avait besoin de même de travail, mais le produit en était souvent incertain, précaire, insuffisant, et sans éducation, sans communication éclairée il était sans lumière.

La base de son travail actuel est la propriété.

Ainsi les principes des lois sont les mêmes pour tous, ainsi que ceux de l'organisation physique et morale, plus ou moins développée ; et la société est une suite de l'organisation intellectuelle de l'homme. Elle tient à sa nature.

Quelque soit la moindre étendue d'un peuple, que l'on puisse concevoir, toujours a-t-il dû, si la possibilité s'en est trouvée, occuper un espace tel, que la réunion de ses habitans puisse offrir au besoin une résistance suffisante, et déjà, ainsi que j'en ai présenté l'idée plus haut, il a besoin pour s'appercevoir individuellement de diviser et subdiviser sa masse.

Conformément aux bases, qui seront reconnues les plus justes, qui seront reconnues vraies, constituez le plus petit espace; les principes qui vous auront guidés dans cette association individuelle, seront les mêmes pour l'adjoindre à la masse, et cette masse, par suite de ces principes, justes, positifs et vrais, peut faire partie du plus vaste ensemble. Pour être étendus, vous n'en relâcherez pas les liens. Vous les rendrez plus nombreux, plus forts, plus magnifiques.

Et j'ajouterai : c'est à chaque portion dégagée de toute force étrangère armée, songeant à sa sûreté et au besoin du développement de son industrie, à juger si ses rapports l'appellent à l'union.

Si elle y trouve sa force, sa garantie; si nulle partie ne peut prévaloir, mais bien s'appuyer sur l'ensemble; s'ils y trouvent l'ordre, l'économie; si les productions du nord sont nécessaires au midi; si celles du sud demandent à remonter au nord; *si les directions de l'ouest et de l'est offrent des débouchés différens;* (1) *si chaque portion peut se livrer au travail sans rivalité comme sans jalousie;* enfin (pour me répeter) si, nommant ses autorités immédiates, chacune jouit dans son intérieur de toute la part de liberté, qu'il est de l'intérêt de chacune de conserver, pour revêtir les autorités centrales des attributions, qu'il importe à toutes de mettre en commun, pour leur sûreté et leur gloire. Quel motif pourrait disjoindre un si heureux assemblage? Quelle portion sera faible, si elle s'affermit de la force de tous.

---

(1) J'invoque avec sécurité les motifs que M. Félix de Beaujour met en opposition.

Une idée s'offre en ce moment à moi. Il paraîtrait que l'Amérique méridionale veut en grande partie opérer son indépendance ; M. Félix de Beaujour pourrait avoir à tort reconnu des principes de dissolution dans les États-unis du nord, si ceux qui semblent se former au midi venaient encore se fédérer à eux. (1)

Et j'avance (en principes invers de M. Félix de Beaujour et autres écrivains récens) que plus les états sont étendus, plus leur bonheur tient au fédéralisme, (système inhérent au principe de toute société). Auquel d'entr'eux tous, à qui ces états appartiendraient-ils ? A quelles masses appartiendraient les autres masses ? Ils s'appartiennent tous à eux-mêmes ; ils s'allient pour cimenter leur force, et plus ils sont étendus, plus leur fédéralisme offre de majesté, de grandeur et de puissance.

En veut-on jouir ?

---

(1) Je pense bien que par mille suggestions on cherche à les désunir. J'en ai plus haut rapporté les motifs. J'espère qu'elles seront sans effet. J'y crois leur bonheur attaché.

Que chaque état ait ses fêtes ! Mais qu'il en soit une tous les quatre ans ! qu'au lieu de la fête il soit une pyramide, y recevant successivement gravés les noms des bienfaiteurs de l'humanité !

Que les productions des arts et de l'industrie y soient apportés !

Que les jeux de la Grèce s'y reproduisent !

Que les hommes y viennent jurer leur union !

Que tout y dise les bienfaits d'un Dieu et redise notre reconnaissance !

L'étendue d'un peuple sera déterminé par la volonté de chacune de ses parties, librement et paisiblement exprimée, n'ayant dans son enceinte nul corps d'une armée soldée, nul corps de troupes étrangères.

Assez elles sentiront qu'elles ont besoin d'une sûreté, fondée sur la population et sur les localités. *Puissent leurs frontières offrir une ligne de démarcation simple et positive, à l'abri de toute contestation, de toute chicane sans cesse renaissante*, d'une garde facile et sans frais.

Elles ont besoin que les lois leur conviennent,

et si, obtenant ce dernier point, elles peuvent s'adjoindre à d'autres états nombreux, leur bonheur est assuré.

Ainsi les États-unis d'Amérique riches d'un immense territoire, guidés par l'esprit le plus éclairé, n'aspirant pas à une domination toujours fausse, sachant que l'homme s'appartient à lui-même, et qu'il n'est pas permis de l'asservir, sous le prétexte de le forcer à être heureux,

Ont-ils arrêté avec grandeur et sagesse :

Qu'au moment où une de leurs contrées atteindrait une population déterminée, assez étendue pour se suffire à elle-même, elle deviendrait libre, rédigerait sa Charte constitutive, pour être ensuite défendue par tous les états de l'union.

Ainsi, une colonie est un enfant auquel, en bas âge, nous devons tous nos soins. Mais bientôt ayant acquis tous ses développemens, elle a droit à être émancipée. Assez, si le régime adopté à son égard, a été celui d'une mère tendre; assez si par l'acte, qui lui assure son indépendance, les bras de la mère patrie lui restent ouverts; assez, elle reconnaîtra tant de biens, et n'oubliera jamais de qui elle tient l'existence.

La justesse de ces raisonnemens est évidente ; elle est en opposition avec tous les systêmes de l'Europe.

La Suisse est république ; elle veut dit-elle la république, et les illustres et magnifiques seigneurs de Berne veulent contraindre par la force les portions voisines de son territoire, à obéir à ses lois.

Ainsi, Sparte proclamait sa liberté, son indépendance, et au même moment réduisait Messene et son territoire en servitude.

Ainsi, le gouvernement anglais, prétendu bien constitué, seme l'or en Europe pour y entretenir la division et la discorde. Ainsi, ils se disent libres par excellence, et ils asservissent l'Asie, une portion d'un continent, séparé d'eux par les mers, par une immense distance. Elle déclare la Norwège malgré elle distraite du Dannemarck et la donne à la Suède. L'on dispose de cette contrée, de sa population comme d'un vil troupeau ; et c'est un soldat, qui en France s'est dit républicain, qui s'en empare, par la force s'en dit le maître. Et... mais je m'arrête ! l'on m'assure que domptés, ils ont été rendus libres de statuer sur leur sort, et qu'ils l'ont fait avec le plus d'avantage. Faible individu ! combien j'y applaudis ! Mais toujours n'avait-on pas le droit d'entrer en armes chez eux.

Ainsi, dirai-je peut-être, maintenant au congrès de Vienne de grands personnages trompés, forts d'une force matérielle aveugle, qui ne donne pas la justice ni le droit, tracent à grands traits les peuples, les contrées, qu'ils s'adjugent.

Alexandre, homme grand, simple et magnanime, de tant d'états soyez le père ; en les rendant à eux-mêmes, vous en deviendrez l'amour, et vos descendans, riches d'un aussi grand exemple, n'auront pas à redouter les caprices d'un sort souvent trop dangereux.

Lorsque l'Angleterre veut bien stipuler que la Norwège, *qui comme contrée a des droits politiques égaux aux siens*, fera partie de la Suède, malgré sa positive opposition ; elle reconnait *qu'à bon droit elle-même serait assujétie par le premier brigand que l'Irlande & l'Écosse*...... Je m'arrête par les considérations ci-dessus. Mais pourquoi donne-t-elle Gênes.... Venise ?

Commettre sur les autres une injustice, est la légitimer sur soi.

Mais comment recueillir les suffrages d'un peuple? En son sein quel caractère donne le droit d'émettre son vœu?

M. de Chateaubriand (page 68) reconnait, qu'au sein de tout état, il existe toujours deux grandes classes d'hommes. L'une composée de propriétaires, par leurs forces pouvant se suffire à eux-mêmes; l'autre classe formée de ceux sans propriété, ne trouvant leur subsistance que dans le travail.

L'état veille sur le repos de tous, tous servent à sa défense, à sa splendeur; *mais si la propriété est nécessaire; si, cause de la société* (soit que l'on ait voulu la défendre, soit qu'on ait voulu l'envahir) *elle est reconnue pour être le principe de toute action, de toute découverte, de tout art, de toute industrie; si toute société veut des bases calculées, déterminées*, l'état ne reconnaîtra pour être revêtu de la plénitude des droits de cité, que l'*habitant offrant en lui-même une garantie, reconnue*

nue, suffisante de tous les droits que la société est appelée à maintenir. A toute condition morale joignant une propriété constatée d'un revenu net déterminé.

Si l'on me demandait de l'établir, je le fixerais pour les campagnes à un revenu annuel de deux fois 365 journées de travail; à trois fois pour les habitans des villes. Taux peu élevé, mais suffisant et qu'une heureuse industrie peut donner l'espoir d'atteindre.

Dans mon opinion, j'unis les trois propriétés foncières, industrielles et commerciales.

Qu'attendre (dit M. Félix de Beaujour, page 70) d'un gouvernement conduit par des avocats, des gens de loi, espèce d'hommes le moins propre à en gouverner d'autres, ayant l'esprit faux, le caractère émoussé..... &c....

(Je crois, demandant à rappeler à elle-même l'opinion publique des Américains, et donnant à la population toute entière le sentiment de ses moyens, de son énergie; je crois avoir suffisamment répondu au défaut de force qui lui est reproché.)

Quand aux injures dirigées contre les membres du gouvernement et contre la classe entière des gens de loi, *dans tous pays*, nous ne devons pas les croire fondés. En Amérique comme ici, il se peut qu'il y ait des personnes, *ne sachant pas s'aimer*, d'un intérêt sordide, deshonorant, profanant, avilissant, l'état si respectable et si nécessaire de la magistrature; mais ici, sans nommer tant de personnages, que l'on pourrait citer, je dirai seulement que..... des généraux français sont annoncés lui avoir appartenus.

Washington n'a-t-il pas en Amérique été Président; naguères M. Jefferson, aujourd'hui M. Madisson. Ces noms sont révérés.

M. Barlow, d'un rare savoir et d'une insigne probité, vient de périr ambassadeur des États-unis en France.

D'autres députés d'Amérique aux premiers temps de Napoléon, étaient extrêmement recommandables.

» Les Gouvernemens (M. Félix de Beaujour, page 69) » ne doivent jamais déclarer la guerre » sans une juste cause.

» *Mais ils doivent toujours être préparés à » la faire.* »

Je dirai : point de guerre sans cause légitime nécessaire,

Et toujours avoir les moyens de se défendre.

Les deux versions n'offrent pas les mêmes pensées.

Tous nos efforts doivent tendre à *détruire* autant que possible, ce recours dangereux à la force armée. *L'abus de ce moyen terrible est si voisin de son emploi.* (1)

Des précautions à l'avance doivent être prises, pour essayer d'obtenir le redressement des torts, sans recourir aux armes.

Les premières pages d'une Charte constitutive, doivent être l'énoncé des principes d'un droit des gens certain.

Non pour intimer à ses voisins de l'admettre, mais pour en faire *la base connue de sa propre conduite*, se réservant sous toute forme légale,

---

(1) C'est le but constant de nos sages. Ce fut éminemment celui du bon M. Gaillard de respectable mémoire.

de le réformer, le changer, au cas, où des lumières nouvelles, où l'exemple heureux de voisins, en offrirait un plus exact et plus sage.

M. Félix de Beaujour pour sa préparation à la guerre, semble vouloir avoir, veut toujours de puissans corps d'armée sur pied, toujours prêts à combattre.

M. Félix de Beaujour veut-il conseiller aux Américains les moyens de détruire leurs constitutions, leur liberté ?

Il reconnait, page 71, que leur garantie est dans le droit de pétition, dans la liberté de la presse, dans le petit nombre de troupes soldées, qui encore ne peut agir dans l'intérieur sans l'intervention du magistrat.

Vous voulez donc par votre conseil détruire leur garantie. Serait-ce là votre objet, le motif de vos reproches ?

Page 125, vous reconnaissez qu'une armée permanente est incompatible avec leur systême financier et leurs institutions politiques ;

Le leur proposer est donc vouloir les détruire.

(Et avancer cette incompatibilité est *selon moi* en prouver l'excellence.)

Il faut toujours être prêt à se défendre.

Il ne faut pas toujours être prêt à la guerre.

Avoir de continuelles armées sur pied (je le redirai plus bas) c'est absorber et paralyser à la fois les richesses de l'état. C'est menacer sans cesse la liberté publique, c'est l'anéantir. C'est par le plus détestable principe inviter toutes les nations voisines, et pour leur propre sûreté, à adopter une mesure aussi désastreuse.

Avoir toujours prêt les moyens de se défendre doit suffire; et si toute voie de conciliation est épuisée, est en vain réclamée, le délit étant reconnu positif, au même instant le peuple entier se trouve sous les armes. J'y reviendrai plus bas.

» Le gouvernement Américain (page 69 de M. Félix de Beaujour) a long-temps hésité à faire » la guerre aux Anglais; depuis son institution » il n'a guère donné que des marques de fai- » blesse. »

Encore qu'ils n'en éprouvent que l'inimitié et

l'insulte, il peut leur en couter de combattre leurs anciens compatriotes. Ils sont du même sang.

Ils étaient entre deux écueils. Ils étaient outragés; ils ont pu sentir que l'Anglais lui-même les *poussait* à la guerre par perfidie, peut-être pour diviser les esprits, pour opérer des mal aises, pour fomenter des troubles, et pensant que pour chef ils n'avaient plus Washington, ils ont espéré qu'un hypocrite nouveau, fort de l'armée, s'érigeant en tyran sous l'ombre du bien public, se bâtirait un trône sur les débris de la république renversée.

Mais si telle etait la pensée des Américains, ils eussent dû dès-lors réorganiser leurs forces intérieures.

» Ils n'ont donné que des marques de faiblesse. »

Ils en ont donné de sagesse et de fermeté.

» Vous me donnerez une forte somme d'argent (disait le Directoire aux envoyés Américains aux temps de sa tyrannie) et je ne vous ferai pas la » guerre. »

» Vous prendriez notre argent, lui répondirent-

» ils, et vous nous feriez la guerre; nous le » garderons pour nous défendre. »

Cette réponse ne prouve pas tant de pusillanimité. (1)

Page 52.

M. de Chateaubriand rapporte que le Roi, choisi par le peuple Anglais en 1688, pouvait, s'il le voulait, gouverner sans le peuple, et régner de droit divin, quoiqu'établi de droit humain.

Ces mots ont beau avoir été écrits par un Anglais, ils me semblent difficiles à comprendre et impliquer contrariété. On ne donne pas ce qu'on n'a pas. Ces mots sont je crois difficiles à expliquer, et pouvaient être très inutiles à rapporter. Ils sont obscurs et faux.

Des Alliés.

Sur ce que dit M. de Chateaubriand des puissances alliées, il peut je pense être fait quelques observations.

» Il perce (page 60) une inimitié secrète

---

(1) Cette réponse est de l'honorable M. Gerry; il vient de mourir.

» contre les puissances alliées, qui nous ont aidés
» à rompre nos chaînes. »

M. de Chateaubriand a bien de la bonté de dire, qui nous ont aidés.... Un parti les appelait, mais sans eux il n'y eut eu nul changement.

Et pour ceux mêmes qui les désiraient, il a été pénible de les voir maîtres de notre sol. Des hordes vagabondes faisaient partie de leur armée; nous fûmes inondés d'étrangers; nous fûmes profondément humiliés; et dans nos propres foyers, nous trouver assaillis, nous voir dans leur dépendance, nous parut le comble de la honte.

Sans doute tous les hommes doivent être respectés; nous n'avons pas le droit d'insulter un étranger, et au-dehors de plus grands excès par des Français ont pu être commis!

Nous les avons toujours désavoués, détestés dans nos âmes, et c'est malgré nous qu'ont été produites et renouvellées tant de scènes de dévastations et de carnage.

Mais l'habitant paisible n'en était pas coupable. Nous avions payé notre gloire militaire du sang de nos compatriotes, n'en avons dû retirer nul avantage ? Notre gloire funeste, mais bien cherement acquise, en un jour a été dissipée, et les alliées si généreux se sont démésurément grossis. (Moscow a été la proie des flammes et Paris est debout) mais Paris ne leur a-t-il pas été livré, et dès-lors son salut n'en a-t-il pas été une des conditions ?

L'Empereur Alexandre commandait ! Ce n'étaient heureusement pas Messieurs les Anglais devant Washington.

Les alliées sont si généreux ! Leur avait-on vendu notre existence. Ah ! s'ils nous eussent faits esclaves, la honte nous eût fait mourir.

Pourquoi nos limites ne sont-elles pas celles du Rhin ? Malheureusement les contrées en deça ont pu souffrir avec nous, mais d'un vœu libre ont-elles voulu se séparer de nous ?

N'ayons s'il se peut plus de guerre, qu'un droit des gens, déterminé par nous, regle notre conduite, nous donne l'amour de nos voisins et nous rende leur garde la plus fidèle ; mais (n'en déplaise à M. de Chateaubriand) ayons une barrière, une frontière tracée sans frais par la nature, non une ligne idéale, toujours susceptible d'être enjambée, sujette à mille tracasseries, qui toujours nous tienne sur le qui vive, nous force à des fortifications mutuelles inutiles, et ne soient que des appels à toujours verser le sang.

Que l'Anglais reste en son île; y soit commerçant, navigateur; qu'il soit accueilli sur nos rivages; mais qu'il n'y vienne pas y compter nos vaisseaux, si ce n'est pour en nombrer les saluts. Nous les recevrons amis. Dominateurs nous les défions.

(1) Je le répete la paix n'est que stimulée; elle est sans garantie; au moindre mouvement elle est troublée, si nous n'avons cette limite du Rhin. Où est la garantie des alliés, si elle n'est stipulée ? Où est cet attachement, cet amour des Anglais, pour notre roi Louis XVIII; ne nous a-t-on pas sans cela assez pris de territoire ? La nature aura fixé nos limites, afin de parer aux excès et aux crimes. Craindrait-on la France ? Le Français ne veut pas la domination du monde,

(1) Je laisse cet article, il dit ce qu'alors nous pouvions penser.

tous reconnaissons ce principe social, » le droit » de souveraineté est inhérent à l'habitant pro- » priétaire. »

Dès lors tout envahissement, toute conquête devient impossible, et l'homme, maître chez lui, n'a plus qu'à songer au développement de son industrie, à aimer, à secourir son semblable, à célébrer les bienfaits du Dieu de l'univers.

Offrant ces désirs, ces regrets, sur les limites dues au peuple Français, nous croyons bien que le cœur du Roi a saigné, s'il faut que nous ne les ayons pas conservés ; que nous ne les obtenions pas.

Nous avions souffert. Il fallait à tout prix hâter le départ de tant de soldats étrangers.

Page 79, M. de Chateaubriand avance :

» Montesquieu a donné l'honneur pour âme à » la monarchie, et la vertu pour principe à la République, or.... »

Page 80.

» La noblesse n'est pas composée d'un seul et » même principe. Elle en renferme évidemment

» deux. L'honneur et la vertu ou la liberté. » Quand elle agit.... par rapport à la monarchie » elle est conduite par l'honneur, elle est monar» chique; quand elle agit pour elle-même et » d'après la nature de sa propre constitution, » elle est mue par la liberté, elle est républicaine » aristocratique. Elle a donc les trois principes.

L'écrit de M. de Chateaubriand se trouve le plus préconisé, il a donc plus de droit à être critiqué.

Les lignes que je viens de transcrire, m'offrent un raisonnement confus, qui ne se comprend pas.

Là elle est monarchique.

Ici elle est républicaine, aristocratique.

Ces distinctions, ces passages, ces oppositions, sont bien subtils, ils sont vains, nuls.

M. de Chateaubriand doit connaître les justes observations, faites souvent sur Montesquieu, (1)

---

[1] Montesquieu était doué d'une grande sagacité, de beaucoup d'esprit, d'une grande finesse d'observation et de profondeur; mais il prit souvent aussi pour principes, ce qui n'était que des résultats, et il *généralisa* ce qui n'était l'effet que des *circonstances particulières*. Son livre a beaucoup servi; il a établi des distinctions,

et encore s'il le citait en de nombreux passages, il y trouverait sa condamnation.

» Les Gentils-hommes (dit M. de Chateaubriand page 81) jouissaient en corps de leurs droits, qui » tenaient au principe de la liberté, par leur » partie aristocratique, et au principe de l'honneur » par leur côté monarchique. »

Entende qui pourra ces subtilités. La noblesse aura deux principes, deux âmes, deux corps! Ces assertions passent mon intelligence et je ne saurais y applaudir.

Nos réfléxions, nos données premières et distinctes des trois sortes de gouvernemens, qui s'apperçoivent parmi les hommes, ont précisé nos idées, nous ont amenés à les définir, à sentir leurs différents résultats. Ils ont été pour nous un

---

souvent très-lumineuses, mais qui ne tenaient pas au fond des choses, qu'il n'a pas peut-être assez résumées.

Son livre a été très-utile; il l'est encore par ses recherches et ses apperçus, mais sur tout ce qu'il avance, qu'il généralise, il ne fait pas autorité. J'estime que si Montesquieu refaisait aujourd'hui son ouvrage, il serait différent.

sujet d'étude. Et l'histoire redisant les faits, nous donne l'expérience.

Sans doute pour traiter un sujet quelconque, il faut, autant que possible, connaître tout ce qui s'est dit et fait, qui y soit relatif; il faut l'avoir réfléchi, médité; mais ces préliminaires remplis, toutes ces méthodes étudiées; il faut, mettant de côté ces données des autres, envisager son objet en lui-même, pour les idées étrangères ne venir se classer dans votre ouvrage qu'autant qu'elles naissent du sujet. Il faut qu'alors d'elles-mêmes elles se présentent à l'esprit.

Ainsi, les combinaisons de ces trois sortes de gouvernemens sont plus ou moins ingénieuses; mais ici, dans une Charte constitutive il ne nous faut pas de combinaisons, de systêmes, tenant à l'imagination. Il faut partir de principes positifs, vrais dans tous leurs développemens, étant l'un de l'autre une suite nécessaire et forcée.

» Le meilleur gouvernement le plus parfait,
» reprend M. de Chateaubriand, page 89, réuni-
» rait les trois pouvoirs monarchiques, aristocra-

» tiques et démocratiques au jugement de Pitagore, » d'Aristote, de Platon, de Cicéron, de Polybe, » de Tacite. Et Lycurgue l'avait établi à Sparte. »

Respect et vénération sans doute à ces hommes de génie, de bien. Mais nous venons après eux. Profitons de leurs excellens écrits ; et cependant à commencer par le gouvernement de Sparte, ils n'ont rien produit de parfait. Nous partons de leurs points d'arrivée. Nous devons aller plus loin.

Ainsi que dans les écrits récens de l'abbé de Mably, nous voyons de grandes idées de modération, de sagesse, de liberté, de désintéressement, de frugalité, de vertus, d'amour de la Patrie. Mais nous y voyons des systêmes particuliers contre le luxe, l'opulence, les honneurs.....

Il ne faut point de systêmes. Il faut partir de principes positifs dont les conséquences s'enchaînent et soient impératives. Ils amèneront la vertu.

Applaudissons à M. de Chateaubriand lorsqu'il annonce (page 88) que » ce n'est pas dans l'exa» gération des partis, que la France doit trouver » son bonheur et sa gloire ; que ce n'est pas plus

» à la religion, qu'il faut imputer les dévastations » du nouveau monde, les massacres d'Irlande, » ceux de la Saint-Barthelemy; qu'il ne faut pas » attribuer les massacres de la révolution à la » philosophie. »

L'homme pervers se rit des objets les plus sacrés, se pavane de leurs titres. Pour couvrir ses forfaits, il se revet du manteau de l'hypocrisie.

M. de Chateaubriand répond avec avantage à la supposition répetée, que le Français ne peut former d'assemblées délibérantes.

Qu'ont fait de grand les propagateurs de ce propos? Sont-ils les seuls capables de discuter, d'approfondir, de proposer, d'adopter un parti éclairé, généreux? Jadis aux champs de mai à qui était renvoyé la discussion des affaires importantes? Mais sans aller chercher si loin, pour prouver notre capacité et statuer sur nos affaires, dans quel genre sommes-nous au-dessous de nous-mêmes? Recourons aux séances de l'assemblée constituante, à beaucoup de celles qui ont suivies; ne s'y trouve-

t-il pas

t-il pas dans toutes conditions, et de religion différente, non-seulement des orateurs, mais de véritables hommes d'état, hommes de bien au mépris du bannissement et des poignards.

Sur l'Angleterre.

J'y reviens sans cesse.

M. de Chateaubriand nous dit souvent ne soyons pas Anglais, et quelquefois *quand il le dit*, peut-être *devrions nous les imiter.*

Et cependant, à tous momens il nous parle d'eux.

Page 73.

» La Constitution anglaise est le fruit de plu-
» sieurs siècles d'essais et de malheurs.

Page 98.

» L'Angleterre a devancé la masse générale d'un
» peu plus d'un siècle.

Page 99.

» Les anciennes agitations n'ont pas nui à son
» excellence, à son autorité.

Page 126 et 127.

» L'Angleterre s'est élevée au plus haut dégré

6

» de prospérité, sous une Constitution qui répu-
» gnait d'abord à leur raison et à leurs mœurs. »

Dans cette dernière assertion M. de Chateaubriand *est en contradiction avec lui-même*, il a dit qu'une Constitution pour être bonne ne doit pas changer les mœurs.

Moi je dis qu'elle doit les améliorer; et qu'elle sera d'autant plus parfaite qu'elle les améliorera davantage.

M. de Chateaubriand a écrit, » il ne faut pas,
» comme dit Solon, vouloir plier les mœurs au
» gouvernement, mais il faut plier le gouverne-
» ment aux mœurs. »

Ailleurs j'ai essayé décrire.

» Le génie crée les gouvernemens, et le
» gouvernement fait les hommes.

J'ai cru proclamer une vérité.

Une Constitution nouvelle doit améliorer notre sort, nos mœurs; doit servir davantage au développement de notre industrie, de nos forces; donc nos mœurs seront changées; elles auront acquis plus d'énergie.

Je l'ai dit et je le répète : Solon donnant aux

Athéniens ; avec connaissance de cause ; une Constitution éphémère est selon moi un bien faible législateur.

Etablir que la Constitution anglaise à sa naissance, répugnait à la raison publique, est, selon moi, en faire une extrême satyre. C'est prouver qu'elle est un échafaudage humain, c'est-à-dire produit de circonstances mobiles, attermoyement entre les chefs de partis. Effet d'un systême ingénieux si l'on veut ; je dirais pris dans les livres, au lieu d'être une suite des lois simples de la nature, conformes à notre organisation physique et intellectuelle, et qui n'eut pas répugné à la raison de l'Anglais éclairé.

Reproduisons un exemple :

Il y a loin de la Constitution Anglaise à la Constitution des États-unis d'Amérique. Ces Constitions d'Amérique ne sont point l'effet de systêmes merveilleux. Tout uniment elles sont nées du sentiment et de la connaissance vraie de leurs besoins. Pourquoi est-elle dépréciée ? Parce que l'Angleterre jalouse la veut renverser. Parce que le gouvernement Anglais a soif d'or et de domination.

Si l'Amérique possédait les comptoirs, les vastes pays de l'Asie, elle les rendrait libres et leur dirait : » s'il peut vous plaire, partagez notre liberté, notre indépendance. Soyez libres souverains chez vous; soyons unis pour une mutuelle défence.

Si l'Angleterre avait le gouvernement simple et paternel de l'Amérique, elle ne solderait pas à frais énormes toutes les puissances de l'Europe, afin de leur faire tenir toujours sur pied de nombreuses armées, pour qu'elles se battent toujours à son profit, tandis qu'elle saura bien accrocher des possessions nouvelles, et tandis qu'elles se distraisent à se tuer, elle fera le commerce de toute la terre.

M. *de Levis* dans son dernier ouvrage, dans son voyage d'Angleterre, à la fin du 1er volume, (le seul je crois, qui ait encore paru) s'épuise en conjectures sur les changemens, que la Constitution Anglaise peut éprouver; sur les causes qui les peuvent produire. Il en sera deux seules causes qu'il n'indique pas. Les injustices extérieures du gouvernement Anglais et la force de l'opinion du peuple Anglais.

Le peuple Anglais est éclairé. Le peuple Anglais est généreux. Le peuple Anglais sachant enfin que nous voulons être son ami, de lui-même éteindra tout flambeau de discorde. Je veux être libre, dira-t-il; le Français a le même droit. Je veux commercer, il a le même droit. Le propriétaire Français n'est pas celui posé sur la côte britannique ni sur la côte d'Asie. Sur mer, loin de leur nuire, je les secourerai de toutes mes forces. Enflé outre mesure, je ne veux pas d'un bonheur fictif, d'un perpétuel agiotage, d'une politique infernale. La véritable politique, a la morale pour base. Le Français ne me passera pas en grandeur d'âme, en générosité, en lumières. Avec lui je proclame cette vérité, le droit de souveraineté est inhérent à l'habitant propriétaire. Que tous soient et restent maîtres chez eux.

Page 99.

» Les anciennes agitations n'ont pas nui à

» l'excellence, à l'autorité de leur Constitution. »

Je l'ai déjà redit : je ne crois pas à son excellence, *puisqu'elle ne trace nulle règle de conduite et qu'elle permet tous les excès.* Je ne crois pas à la prétendue balance des pouvoirs. Elle est sans contre-poids. Qu'un parlement ne soit pas complaisant, il est dissous. Peut-il n'être pas complaisant ? Pour soi, pour les siens, on veut des places. Il est une opposition ? A la tête se place pour la régler, pour crier bien fort, et ne rien faire, un prince destiné à changer de rôle, et qui va devenir à la tête du parti contraire. D'un parti contraire ! Il ne peut y en avoir qu'un dans un état. L'on peut différer d'opinion, mais il n'y a qu'un but, le salut de la Patrie. Alors point de contre-poids, ayons un même esprit ; et il n'y a rien d'avantageux, de véritablement utile à une Patrie, que ce qui est d'une utilité universelle, que ce qui est vrai dans tous les temps et pour tous les pays.

Blamant le système politique anglais, parce que je le trouve faux, je ne puis rien avancer de plus précis, que le passage suivant, que je vais extraire de l'apperçu des États-unis de M. Félix de Beaujour *lui-même*. (page 226).

» *L'Angleterre veut conserver le monopole du*
» *commerce universel, elle veut détruire l'indus-*
» *trie de tous les autres peuples. Elle convoite*
» *toutes les Colonies, toutes les mers, toutes*
» *les Terres, non pour les civiliser, mais pour*
» *les exploiter comme une de ses fabriques.*
» *Elle ne veut* (225) *de bonheur que pour elle,*
» *de richesse que pour ses marchands, de puis-*
» *sance que pour sa marine.* »

Cet extrait est réel. Croirait-on qu'il ait écrit quelques pages plus haut, » (page 213) la puis-
» sance de l'Angleterre, telle qu'elle existe au-
» jourd'hui est un *chef-d'œuvre de l'industrie*
» *humaine*, je dirais *presque de civilisation*,
» mais ce n'est après tout qu'un chef-d'œuvre de
» l'art, le chef-d'œuvre de la fausseté, de l'immo-
» ralité, de la perfidie. »

Il est fort que l'immoralité, la fausseté, la perfidie au plus haut dégré, soient presque un chef-d'œuvre de civilisation. Ce sont de principes à la Machiavel.

Malheur aux Etats, comme aux Particuliers, qui séparent leurs intérêts, leurs droits des droits, des intérêts communs.

Sur l'Armée.

Pour émettre l'opinion que je vais avancer, (je ne le cache pas) il me faut du courage. Il me faut désirer envers et contre tous le bien de mon pays.

Né soldat je demande la permission de dire : *Et moi aussi j'aime l'armée ;*

Mais l'on se doit d'être infléxible, comme la vérité. (1)

M. de Chateaubriand, page 104.

» Notre position continentale obligée d'avoir
» toujours sur pied une nombreuse armée. *Ici*
» *plus de nécessité* d'imiter l'Angleterre. L'opinion
» publique sera une garantie contre les craintes,

---

[1] Ou plutôt je suis loin de demander la destruction de l'armée, je la veux générale et plus adaptée, je crois, au caractère français.

» qu'une force armée considérable peut faire naître.

» Tout n'est pas positif dans la science du » gouvernement. Le systême des finances en » Angleterre repose sur une fiction.

» Il y a des mystères de politique comme de » religion. Le jeu des Constitutions, leur combi- » naison avec les mœurs, les évenemens sont » inexplicables.

» Un homme qui joue un rôle extraordinaire » est souvent moins que rien.

» Il y a (page 111) dans les affaires humaines, » quelque chose de fatal et de secret qu'on ne » saurait expliquer. »

Je ne suis pas M. de Chateaubriand, mais je ne voudrais pas avoir écrit ces paragraphes, ces mystères. J'ai peine dans ces lignes à reconnaître l'homme d'état, qui juge de tout avec profondeur et sait qu'il n'y a pas d'effet sans cause.

Commençons par reprendre en passant deux idées.

» Ici plus de nécessité d'imiter l'Angleterre. »

Il y a donc ailleurs nécessité d'imiter l'Angleterre. Je ne le crois pas.

» Le systême des finances en Angleterre repose » sur une fiction. »

Serait-ce pour en faire l'éloge ? Est-ce cela que nous devons imiter ? Déjà nous avons pris d'eux l'impôt sur les fenêtres ! L'homme ayant une fortune trop bornée sera tenu de se passer d'air, de jour; et le paysan malheureux en son réduit étroit, entassé, sera tenu de le rendre encore plus obscur et fétide. Je ne crois pas que les hommes puissent prouver davantage qu'ils manquent de sens.

» Le systême des finances en Angleterre repose » sur une fiction. »

Pourquoi dans leur Ile ont-ils des besoins désordonnés ? Vraiment cet échafaudage gigantesque est un beau chef-d'œuvre !

Il repose sur une fiction ! Et vous vantez cela ? En Amérique il n'en est pas de même ; les hommes, les choses ont une valeur réelle ; et cependant vous préconisez l'Angleterre et vous voulez renverser le gouvernement Américain ?

L'Angleterre vous est prouvée vouloir la destruction de ses voisins, pour s'élever, se grandir sur leurs ruines. Vous la proposez pour modèle.

Qu'avez-vous à craindre du gouvernement paternel Américain ?

» *La Constitution la meilleure est celle qui est pour ses voisins, un objet de confiance et d'amour.* »

Reprenons :

» Notre position continentale nous oblige d'avoir » toujours sur pied de nombreuses armées. »

Ici j'ai à combattre en même-temps et M. de Chateaubriand et M. Félix de Beaujour, qui veut bien donner ce même conseil aux Américains.

Le systême, qu'un état continental doit toujours avoir de nombreuses armées sur pied, est le plus fatal à l'espèce humaine. Il sert efficacement le projet des ambitieux. Il appauvrit, dépeuple les états. Il retire aux arts, aux manufactures, au commerce, à l'industrie, des bras qu'il livre à l'oisiveté et qui ne sauront plus s'occuper. Aux productions d'un travail facile succede le renchérissement de la main d'œuvre et une affreuse pénurie.

Il substitue les lois militaires aux lois civiles ; abaisse toutes les conditions utiles à la société ; détruit généralement l'amour du travail pour le goût de la jeunesse être entrainé vers les armes ; il amene une obéissance passive non raisonnée, la force faisant le mal prescrit comme le bien. Il porte dans tous les cœurs un esprit de domination, de hauteur, de conquête, de servitude directement opposé aux vrais principes sociaux, d'ordre, d'indépendance publique, de respect mutuel, d'amour pour le travail, de sagesse, d'activité et d'énergie. Alors la nation n'est comptée pour rien; le chef est tout. Avec des troupes, il a de l'argent, et avec de l'argent il augmente ses troupes encore. Il n'est plus de liberté politique, ni civile, intérieure, ni extérieure. Tout devient absolu. Qui arrêtera l'armée ?

» L'opinion publique (ajoute M. de Chateaubriand page 104) elle sera une sûre garantie. »

Qui ne sait que l'opinion publique, cette souveraine, dont les suffrages libres sont l'objet des vœux et de l'amour du sage, à laquelle il offre avec réserve et respect, ses travaux, ses pensées, qui ne sait avec quelle facilité elle est comprimée, étouffée ? Croit-on qu'elle fût libre lors du brulement des châteaux, lors de la perte de Louis 16, sous Robespierre, sous le Directoire..... ! Comme on lui donne le change ! Comme on la trompe ! Quelle fausse direction trop souvent l'artifice lui fait prendre ! Qui l'opinion a-t-elle un moment retenu ? Comme on la fait parler, comme on la travestit ! La passion emporte et la mort suit.

Qui ne sait que parmi les hommes la majorité est timide, faible, pusillanime, ne s'expose jamais ; dit comme l'on veut le oui ou le non ; temporise pour juger, et se déclare (ô honte !) n'importe pour qui ; pour celui qui domine..... brisant l'idole qu'il encensait la veille.

Ayons donc des lois, des institutions sages et positives, si nous voulons que le bien s'opère.

Avoir sur pied de continuelles armées est substituer l'appareil malheureux de la force à la marche paisible et régulière des lois ; c'est détourner tout revenu de sa destination ; c'est absorber toute fortune particulière et publique ; c'est éteindre tous les arts ; c'est adopter un système d'énormes dépenses, tandis que la machine sans effort irait même sans les faire. C'est accroître toute dépenses dans toutes les branches de l'administration publique; c'est détruire la civilisation.

Les mœurs sont changées. Nous portons chez tous nos voisins l'inquiétude et l'effroi ; nous forçons ceux d'un territoire moins étendu, d'une population inférieure à s'épuiser pour se tenir en garde contre nous. O malheur ! Ils nous craignent, deviennent nos ennemis ; à tous nous donnons le plus fatal exemple. Ajouterai-je?... par beaucoup de gouvernemens nous serons préconisés. Ils se légitimeront de notre exemple.

Ainsi, nous ne nous mêlons tant de déprécier le gouvernement américain, qui certes si bon, si doux, si juste, ne nous nuit pas, que pour nous porter à ne pas suivre son exemple.

Page

» M. Félix de Beaujour veut comme M. de
» Chateaubriand le veut pour nous, qu'ils ayent
» de nombreuses armées sur pied.

(Page) Il leur reproche d'hésiter à faire

a guerre, de ne vouloir pas prendre part à nos querelles, de vouloir rester neutres.

(Page 247) Il leur reproche comme commerçans d'embrasser toutes les parties du monde. (1) Et (page 248) il ne voit que la France qui, riche de son sol, *produisant les hommes les plus braves & les plus généreux*, puissante sur mer

---

(1) Il me prend une idée, rapportant cette singulière inculpation, de faire faire à mes lecteurs une grande promenade. Elle ne prendra pas beaucoup de temps.

Page 248. Faisons-y attention. [Page 247] L'avidité commerciale des Américains égale et surpasse celle des Anglais. A peine ils ont paru sur l'océan, et déjà ils n'y a pas de plages sur le globe, point de mers, que leurs navigateurs n'ayent explorées. Ils ont parcouru avec leurs barques légères tout le littoral atlantique jusqu'à la terre de feu. De-là ils s'avancent audacieusement dans les mers du sud, s'élèvent de l'autre côté jusqu'aux glaces du pôle arctique, pénètrent dans les détours les plus profonds des baies d'Hudson et de Davis. La mer blanche, la mer baltique, la mer rouge, le golfe persique, ceux du Bengale, de la Chine, sont couverts de leurs pavillons. Ils fréquentent les rivages à peine connus de l'Australasie, parcourent la côte occidentale de l'Amérique, et la côte orientale de l'Asie, et volent d'une extrémité du globe à l'autre avec la rapidité de l'oiseau.

Il me semble que voilà toutes les côtes connues visitées, hors celles de la Méditerranée et de la mer noire.

et sur terre, saura étendre sa sollicitude sur les autres nations.

Par quel droit de leurs voyages hardis, instructifs et mercantils demanderions-nous un compte exact et rigoureux aux Américains, qui assurément ne dépendent point de nous, et qui sont très-libres de courir où bon leur semble.

C'est ce qui nous est cependant proposé *sérieusement*, présumant nos grandes armées sur pied !

Ah ! loin de nous, sans titres, cette sollicitude inquisitoriale, usurpatrice, contraire à toute moralité, à tous principes.

Bien plutôt ! associons-nous à leurs travaux, à leur prospérité.

Indépendans, souverains sur notre territoire, offrons-leur l'assurance d'une véritable et franche amitié ; et s'ils y accédaient, je dirais :

Avec eux soyons fédérés ! (1) J'estime que nous y gagnerions tous.

Mais est-il d'autres moyens que celui d'armées

(1) M. Félix de Beaujour, certes en ceci nous différons.

nombreuses,

nombreuses, toujours sur pied, pour garantir la tranquillité, la sûreté extérieure d'un grand état continental, propriétaire d'un territoire riche et populeux, dont les bords pour moitié sont baignés par les mers, et pour moitié sont entourés de voisins puissans, armés; dont la population est éclairée, est adonnée à tous les arts, et est à la fois agricole, manufacturière et commerçante?

Cet état a donc en lui-même tous les *élémens de vie, de sagesse & de force.*

Les Américains, selon M. Félix de Beaujour, ont 700,000 hommes de milice. Ils ne sont donc pas disciplinés; ils n'ont donc pas l'habitude des armes, des évolutions militaires; ils n'étaient donc pas disponibles pour, sur le continent, au Canada, sans dégarnir leurs côtes, n'être pas en un moment venus de haute lutte, terrasser ces insolens dominateurs, qui sur leurs vaisseaux se permettaient d'exercer la presse, et les forçaient à mettre fin à une piraterie aussi prolongée. Présumons bien qu'à l'avenir ils sauront y mettre ordre, et rendre positive une défense trop légitime.

L'état de guerre n'est point un état habituel;

pour un peuple civilisé c'est une secousse passagère et forcée ; elle est motivée. Elle sera prompte.

M'élevant, autant qu'il peut-être en moi, contre le système d'armées toujours sur pied ; le jugeant inutile et malheureux, je dois essayer d'émettre mes idées sur la disposition intérieure des forces d'un état.

Je les ferai précéder de l'énoncé de quelques principes devant leur servir de base.

En quelque sorte déjà précités, je les vais rappeler. Si je ne les énoncais pas, l'idée que je me fais de la force publique, devrait sembler insuffisante, incomplète, inadmissible.

La première garantie d'un peuple éclairé est

Présentant toujours en son intérieur une barrière impénétrable, avant de recourir aux armes, l'état offrira toujours tous moyens de conciliation.

Ces recours à la médiation, en vain tentés, que l'état spécifie la réparation qu'il exige, et déploie toutes ses forces.

Que la guerre qu'il fait soit de peu de durée, mais terrible. obtenant une satisfaction suffisante, qu'il dépose ses armes. Que toute animosité soit cessée.

dans sa Charte constitutive.

Non seulement elle organise ses pouvoirs publics, elle détermine les attributions, qu'elle leur confie, mais, pour première partie, elle pose les principes de ses devoirs et de ses droits, tant intérieurs qu'extérieurs. Les principes de ses lois politiques, civiles de police, de justice distributive et répressives, et des lois d'administration.

Sa conduite dès-lors est impérativement tracée.

Elle reconnait à toutes nations, les droits qu'elle juge par sa nature lui être acquis.

Elle leur soumet franchement par sa publicité, les moyens qu'elle juge les plus directs, de remplir ses devoirs extérieurs.

Elle reconnait comme nation, tous habitans réunis en une étendue quelconque, suivans une même loi.

L'étendue donne plus ou moins de moyens; elle n'ajoute rien aux droits.

La Charte constitutive, veut de la part des habitans de chaque portion de terre qu'elle régit, un consentement formel aux réglemens qu'elle prescrit.

Ce consentement sera libre, volontaire, émis loin de tout appareil des armes.

L'ordre, la sûreté intérieure, l'indépendance extérieure positive, la satisfaction de tous les devoirs d'humanité, sont l'objet de la Charte constitutive.

Le bonheur de chaque portion de l'Empire, consiste à jouir dans son intérieur de toute la portion de liberté nécessaire au développement de ses facultés, de son industrie, de son énergie, et à contribuer de toutes ses forces à la sûreté de l'association commune, qui garantit son existence de toute la masse réunie des forces de l'association.

La Charte appelle tous les individus au soutien, à la défense, à la gloire de l'état; elle attend d'eux un même esprit, fondé sur les mêmes besoins, sur celui d'un bonheur commun.

Réunis en société, l'homme a avec son semblable des relations habituelles.

L'action de la société est un échange d'industrie, de travaux, de lumières.

Le principe de toute industrie, de tout travail,

de toute découverte, de toute lumière, réside dans la propriété; dans une société développée sous le titre de propriété, l'on en distingue trois sortes : la propriété foncière, industrielle et commerciale, donnant des produits positifs et personnels.

La propriété s'acquiert par le travail, se transmet par don, par héritage, par conventions expresses. Des mesures publiques les constatent.

Toute société veut des conventions, des réglemens, des lois.

La Charte constitutive en détermine les principes.

N'ont le droit d'émettre leur voeu sur la Charte, de la déterminer, que les individus consentant à l'union, offrant en eux-mêmes une garantie, reconnue suffisante, de tous les droits que la société doit maintenir; donnant à leurs co-associés une caution suffisante d'un même intérêt, d'un même amour pour l'ordre.

La société, à titre de garantie, veut dans tout individu, pour être revêtu de tous droits politiques (désignés par droit de cité) un âge déterminé, un caractère de moralité prouvé par l'acquit des premiers devoirs particuliers et publics, et la possession d'une propriété d'un revenu fixe.

La société des peuples, leur formation, se perd dans la nuit des temps.

Les bases de leur organisation, de leur Charte constitutive, sont différentes selon leurs lumières.

Nées du besoin des hommes, en l'enfance des arts, ses conventions ont pu n'être point écrites et les changemens à y apporter n'être pas prévus.

La nature de l'association est déterminée par la nature des individus qui contractent, et par le but qu'elle se propose.

Le but de la société est une mutuelle garantie, la libre disposition des facultés individuelles; l'inviolabilité des propriétés, des personnes; la détermination des divers rapports entre les hommes; l'obligation de respecter dans les autres les droits qui nous sont assurés; la spécification des actions nuisibles qui nous deviennent défendues.

L'objet de la société est de substituer à la fougue des passions, à la violence, les lois de la moralité; d'obtenir parmi les hommes le plus grand développement des forces physiques et morales, la plus grande somme de bonheur. De fortifier chacun de la force de tous; d'établir tant en son sein qu'au dehors et dans ses rapports extérieurs, la sûreté, l'ordre et la paix.

La volonté libre des parties, qui composent la société, détermine son étendue.

Toutes ont intérêt à l'union, si l'intérêt public leur garantit leurs intérêts particuliers, si elles y trouvent leur plus grande somme de bonheur.

S'isoler est s'affaiblir, est s'exposer à une domination, à un asservissement étranger.

L'intérêt de tous est que la masse présente une force, qui garantisse sa sûreté.

L'intérêt de tous est que chaque partie soit heureuse.

L'intérêt de tous est que l'état ait des limites voulues par la nature; que ses frontières soient impérativement tracées; que leurs démarcations soient impérativement distinctes, non idéales; qu'elles ne puissent donner lieu à aucun débat subséquent; que d'elles-mêmes elles s'opposent à tout monopole, qu'elles se gardent pour ainsi dire d'elles-mêmes, et sans frais, n'exigeant pas d'ouvrages d'art accumulés les uns sur les autres, objets d'éternelles jalousies et d'une discension continue, offrant entre voisins de perpétuels sujets d'inquiétude, de crainte et de disputes.

Ces limites, déterminées pour l'avantage particulier et public, par l'assentiment des parties, *deviennent inviolables.*

L'état les reconnait et ne souffre pas qu'il y soit porté atteinte.

Il se déclare le gardien né de ses voisins.

Il les garantit de tout tort, de toute excursion.

Il spécifie crime, de la part d'un état, l'action de s'immiscer, d'une manière quelconque, dans le régime intérieur d'un peuple étranger.

Il lui reconnait au même dégré, les mêmes droits qu'il a de souveraineté, d'indépendance.

Il déclare tous droits de conquête un droit de brigand.

Il reconnait pour tous pays le droit de souveraineté inhérent à l'habitant propriétaire.

L'état rejette toute idée d'un tribut deshonorant; il n'en reçoit ni n'en acquitte. Tout état sur son territoire à son gré accueille ou repousse l'étranger.

L'on doit secours non au crime mais au malheur.

L'état n'établit de relations avec les nations ses égales, qu'à des termes égaux. Elles portent sur des rapports commerciaux, sur des échanges, sur une garantie mutuelle. Leur principal objet est la recherche de la vérité, la communication des inventions, des découvertes, des lumières, de tous les développemens de l'industrie. Elles ont pour but, le perfectionnement de l'homme ; et pour base la cordialité, la foi.

Il demande protection, sûreté, pour ceux de ses membres sans-mission, parcourant les pays étrangers, sous l'obligation positive de s'y conformer ; de n'entrer dans aucun projet de changement, de réforme.

Son envoyé, immobile au milieu de toute dissention intérieure, rend toujours compte au gouvernement établi, de l'objet de sa mission.

L'état s'assure des relations extérieures des étrangers admis dans son sein.

La cessation, le manque de traités entre nations, n'entraîne pas le droit de se nuire. Chacun rentre dans ses droits d'isolement, d'indépendance.

De la liberté des mers.

L'état regarde et déclare les mers libres, appartenantes à tous les peuples. Elles sont le plus grand, le plus heureux moyen de communications entre les hommes.

Sont estimées mers libres, les mers ayant communication avec l'océan.

Les mers intérieures, sans communications extérieurs, sont la propriété des états littoraux.

Le passage des détroits est de droit, en donnant garantie de ne causer nul tort, nul dommage sur les rives.

Est de même libre sans frais, sous une même garantie, et sous celle d'un transit, constaté aux frontières d'entrée et de sortie, le cours des fleuves arrosant des pays différens.

La sûreté nécessaire de chaque état prescrit à tous de reconnaître légitime par chaque état la garde de ses côtes.

La banlieue dans la mer, nécessaire à sa police, à sa sûreté, est déterminé.

Au cas où un détroit n'en offre pas l'étendue, le milieu du canal forme la limite respective.

Sur mer comme sur terre, en toute circonstance, l'état desire offrir le premier à tous les peuples le salut de la fraternité.

La reconnaissance des principes ci-dessus énoncés, la réciprocité des droits et des devoirs des nations, toutes souveraines en leur enceinte, indépendantes au dehors, doivent entre elles éteindre toutes animosités, toutes haines, prévenir toutes querelles, arrêter et détruire tous projets extérieurs d'envahissement et de domination.

Au cas où des difficultés s'élevent entre nations et le peuple français; ce dernier propose qu'elles se terminent par voie d'arbitrage, et sur le champ il choisit ses arbitres.

Si leur médiation est sans effet, avant de recourir aux armes, il spécifie le tort qu'il éprouve et la réparation qu'il exige.

Obtenue, le Français les dépose. Toute animosité est cessée.

L'état de guerre est momentané; il veut le déploiement de toutes forces.

En pays ennemi, comme sur mer, toute propriété particulière, tout effet de commerce, tant appartenans à des puissances neutres, qu'à celles belligérantes, restent sacrés.

L'emploi de la force ne donne aucun droit sur la souveraineté du pays envahi. *Le droit en reste à l'ancien habitant propriétaire.*

La satisfaction de la réparation exigée, l'acquit des frais, des dégats forcés, sont supportés nominativement par les seuls individus, abusans de prétendus pouvoirs publics étrangers, ayant contraint de recourir à l'affreux moyen des armes.

Le vœu de la Charte constitutive est qu'elles ne puissent jamais être injustement provoquées.

Distribution intérieure de la force publique.

Eu égard à sa population, eu égard au génie, au courage, à l'énergie de ses habitans, et dans sa position actuelle, vu ses localités, la France peut adopter telle institution, qu'elle puisse juger favorable à l'humanité, et conforme aux lumières acquises.

La force intérieure d'un état réside dans la sagesse de son organisation, dans la distribution de la force publique.

Autre est la police, autre est l'armée.

L'objet de la police est continu. Elle est remise entre les mains du magistrat. Son action, par des moyens connus de tous, est tellement précisée, tellement combinée, qu'elle ne peut être détournée de son but. Elle protège et garantit la liberté civile, le règne des lois, l'inviolabilité des personnes et des propriétés particulières et publiques.

Sous le titre de sûreté générale, elle embrasse la police des frontières.

L'armée est destinée à repousser une injuste agression (alors elle se joint aux moyens de police). Elle est destinée à récupérer à l'état les possessions qui lui sont ravies, et les propriétés dont à l'extérieur l'habitant est dépouillé. Elle venge toute voie de fait dont l'état est victime, soit en masse, soit en la personne d'un seul de ses membres.

L'état ne souffre nul corps étranger armé sur son territoire.

A dater de six années, en moins de temps s'il est estimé y avoir lieu :

L'état en tant de paix n'entretient nul corps d'une armée soldée.

Tout Français naît et meurt soldat.

Le Français est classé par âge. (1)

Il y a sept classes.

La *première* jusqu'à 18 ans.

La *deuxième* de 18 à 23.

La *troisième* de 23 à 35.

La *quatrième* de 35 à 45.

La *cinquième* de 45 à 60.

La *sixième* de 60 à 70.

La *septième* depuis cet âge.

---

(1) C'est bien nous fatiguer dira-t-on? Voulez-vous ou non faire vous-mêmes vos affaires? Voulez-vous ou non être libres?

De la première Classe.

De 18 à 23.

A 18 ans, reconnu suffisamment instruit, ayant rempli ses devoirs près des auteurs de ses jours, l'adolescent prête serment d'inscription militaire. Il est soldat. Par semaines il est abstreint aux exercices, aux revues, aux évolutions militaires. En cas de guerre il est en deuxième ligne.

Troisième Classe.

De 23 à 35.

A 23 ans, toute condition morale remplie, le français est déclaré majeur. Il prête le serment de présentation aux droits de cité. Ses droits de cité sont suspendus, si, aux conditions de moralité, à la satisfaction de ses devoirs publics, il ne joint la possession d'une propriété d'un revenu net de deux fois 365 journées de travail pour l'habitant des campagnes, de trois fois cette valeur pour l'habitant des villes.

Cette Classe assiste par mois aux évolutions militaires, aux revues.

Au cas de guerre elle est en première ligne.

Quatrième Classe.

De 35 à 45.

Elle assiste tous les six mois aux revues, aux évolutions militaires.

Au cas de guerre elle sert de corps de réserve.

Cinquième Classe.

De 45 à 60.

Elle est en troisième ligne au cas de guerre.

Elle assiste une fois par an aux manœuvres, aux revues.

Sixième Classe.

De 60 à 70.

A son gré elle assiste aux fêtes.

Au cas de guerre elle entoure les autorités publiques.

Septième Classe.

Depuis 70 ans.

Cette Classe à l'avance jouit du repos. Elle est l'objet de la vénération publique.

Les

Les corps de cavalerie, d'artillerie, sont formés par inscriptions volontaires. Des études préliminaires sont exigées. Les corps d'artillerie sont en grand nombre.

L'homme de guerre n'est payé qu'à compter du quatrième jour où il est sous les armes.

Il s'équipe à ses frais.

Au cas de guerre, ses armes ses équipemens, lui sont fournis, ou il lui en est tenu compte. (1)

Du systême de defense.

Les arsénaux sont toujours pourvus de toutes armes, de toutes munitions, de tout attirail de guerre, de toutes machines offensives et défensives. Le corps instruit des ponts et chaussées est réuni à celui du génie.

Les places fortes ne sont que des postes, occupés par les dépôts des corps, servant à la police. Elles ne comportent qu'une faible population. Elles sont approvisionnées.

---

(1) [*Errata oublié*]. Ajoutez au bas de la note page 110 :
L'uniforme plait au jeune Français ;
Qu'il le porte, sans cesser de rester citoyen !

Les accidens physiques du terrain, le passage des rivières, les défilés des montagnes, les plateaux, les ravins sont fortifiés, et selon les localités minés.

Au besoin ils servent de Thermopyles.

Au premier cri de guerre, tous les employés et corps de la police, ceux des douanes extérieurs, les gardes des forêts, ceux des villes et des campagnes, sont à l'instant réunis.

Ces mesures sont prévues et habituelles.

Au cas de guerre la population est sous les armes.

Hors d'état dès le premier moment de s'opposer à une invasion formidable, elle cede pied à pied le terrain, sans se laisser entamer.

Elle s'arrête au moment où les renforts successivement accourus, lui donnent une masse égale à celle des assaillans.

Une masse égale s'est étendue sur leurs flancs.

Au signal donné l'armée ennemie est entourée; elle aura disparu.

Tout prisonnier de guerre est reconnu sacré.

De la Marine.

La marine veut des connaissances préliminaires et déterminées. Des examens les constatent.

La marine est chargée de la garde des frontières maritimes, en faveur du commerce elle surveille la liberté des mers.

Elle exige un noviciat de cinq années consécutives, sur les vaisseaux de l'état.

En temps de paix, hors les cas d'expéditions lointaines, il n'est plus fait généralement qu'un service alternatif de cinq mois sur vingt-quatre.

Dans l'intervalle l'état exige que ses marins habitent les mers.

Au cas de guerre il les rappelle : sa force est quintuplée.

En temps de paix, sous toute caution et garantie, l'état prête ses vaisseaux à ses marins.

L'état leur ordonne, ainsi qu'à tout français tant à l'intérieur qu'au dehors, d'offrir s'il lui est possible à l'étranger, le premier, le salut de la fraternité. Il lui défend de lui nuire. Il lui ordonne de le secourir de tous ses moyens, de le protéger, de le servir.

Mais c'est ici le lieu, peut-être, de m'enhardir à offrir à mes concitoyens, mon idée de substituer à l'ordre de Saint-Jean de Jérusalem, qui avait pris la dénomination d'ordre de Malte, un ordre nouveau, conforme en beaucoup de points à celui de Malte, ayant pour titre :

Ordre de neutralité maritime armée.

Tous les peuples de la terre sont invités à en faire partie.

Tout gouvernement nomme ses Chevaliers et les dote.

L'objet de l'ordre est sur mer une police générale et positive; la protection, l'assurance du commerce; la destruction de tous les forbans; l'empêchement sur mer de toute voie de fait, de tout recours à la force, pour toute contestation être renvoyée à la décision d'arbitres.

Le but de l'ordre est une surveillance, une garantie universelle, la liberté des mers.

Tous les Chevaliers ont une éducation libérale. Ils sont tenus à des études, à des connaissances nautiques et militaires déterminées. Ils ont un dévouement sans bornes.

Tous se reconnaissent pour frères.

La hiérarchie des grades s'obtient par l'ancienneté et par les services.

La suprématie de l'ordre est le prix du suffrage éclatant de la majorité.

Elle est individuelle ; déférée pour 15 années ; ne peut être transmise par le sang, ni succéder à l'habitant d'une même Patrie.

De la part des Chevaliers, la hiérarchie, l'obéissance aux grades supérieurs, est invinciblement observée, sauf (sous la plus capitale responsabilité) l'appel au conseil de l'ordre, au cas impossible à présumer, de mission opposée aux statuts.

La devise de l'ordre est justice, vaillance, abnégation de soi-même.

Leurs dogmes religieux et politiques, sont :

L'inviolabité des sermens, l'intégrité, la probité la plus sévère ; l'adoration, l'amour, la reconnaissance, et l'appel dans tous les momens de la vie, à un Dieu de bonté, de justice, proscrivant tout abus de force, prescrivant toute vertu particulière et publique, et confondant dans sa miséricorde l'exercice de tous les cultes.

L'ordre (s'il peut être général) a des stations dans toutes les mers.

Les seuls lieux de ses stations lui appartiennent.

Le tiers de la dotation de chaque Chevalier, peut être réclamé par l'ordre pour l'acquit de ses dépenses générales.

Ses escadres, ses flottes en aucun lieu de la terre, n'exigent de contributions, de rétributions quelconques ; partout elles soldent leurs frais.

Elles trouvent abri chez toutes les nations faisant partie de l'union.

D'un Congrès.

L'adoption par plusieurs puissances de l'ordre de *neutralité maritime armée* appelle la formation d'un *Congrès permanent.* Il se compose d'un député et d'un supléant par chaque nation. (1)

---

[1] Il est élu pour six ans.

Le Congrès est renouvellé tous les ans par sixièmes.

Le sixième est renouvellé au sort la septième année.

L'opération qui constate le renouvellement, est terminée la cinquième année, et ainsi de suite année par année, jusqu'au classe-

Objet du Congrès.

Chaque député, sans faste comme sans orgueil, sans autre prééminence que l'âge, joint à ses collègues, juge des rapports généraux extérieurs des peuples et transige sur toute querelle.

La base des décisions du Congrès, est l'égalité des droits et des devoirs.

L'ordre de la neutralité armée est subordonné au Congrès.

Le Congrès reçoit les rapports de l'ordre ; lui transmet ses instructions.

Il reçoit les réclamations des nations ; il en donne acte. Il les informe des suites données à leurs réclamations ; leur transmet sans perte de temps une réponse positive.

---

ment des six renouvellemens.

Au cas où l'arrivée de nouveaux députés au Congrès, amene par suite un renouvellement en une seule année, du parti des membres du Congrès, le sort recule successivement leur renouvellement.

La série du renouvellement des députés, fixée la première fois par le sort, se compose du député des peuples les plus distans les uns des autres.

Le député d'une nation, rendu au Congrès, n'est plus le député d'un peuple particulier, il est revêtu du caractère de *Médiateur général*, *d'arbitre souverain*.

Le Congrès ne possède que le lieu où se tiennent ses séances.

Il en confie la garde aux Chevaliers de la neutralité armée, qui reçoivent ses ordres.

Nul corps étranger armé, n'approche de trente lieues de l'endroit de ses séances.

Tout peuple, faisant partie de l'union, soutient l'ordre de tous ses moyens; il en reçoit une protection positive.

Il souscrit sans réplique à la décision du Congrès.

A sa volonté il rappelle ses Chevaliers, ses députés.

Il déclare renoncer à l'union.

Il rentre dans ses droits d'isolement, sans pouvoir acquérir celui de nuire.

Il perd par l'effet de la volonté, les bienfaits de l'association.

Puisse-t-il pour son propre intérêt, pour le nôtre, se hâter d'y rentrer.

Puisse chaque peuple, ainsi que chaque individu, reconnaitre que les droits qu'il réclame, sont les mêmes pour tous; qu'en les respectant pour les autres, il se les garantit à lui-même; et que son intérêt repose dans l'intérêt commun.

Tel est le plan que j'ai eu l'honneur d'offrir à mes concitoyens, et s'il se pouvait à tous les peuples. (*Mercure de France*, 8bre *1814*, *p. 89.*)

Alors m'écriai-je, l'honneur ne sera pas un vain mot; l'honneur qui défend l'innocent, qui appaise, qui réprime les querelles et sait braver tous les dangers.

Alors les mers seront libres; le commerce sera assuré; toute propriété sera garantie; tout crime politique sera réprimé, puni; les hommes cesseront de s'égorger; et toutes les nations, comme tous les cœurs, seront réunis par les sentimens d'héroisme, de courage, de bienveillance, de de confiance, d'indulgence et d'amitié.

Jamais, j'ose l'avancer, *ordre tant vanté d'antique chevalerie ne reposa sur des bases plus magnanimes ni plus positives, je propose de le fonder.*

Ordre de neutralité maritime armée.

Déjà des objections ont été faites.

C'est l'antique rêve d'un homme de bien, reconnu impraticable.

Serait-ce parce qu'il est conforme à la justice, au véritable intérêt des hommes?

Le mot seul (dit-on) de neutralité armée, implique l'idée de guerre.

Il signifie *à main armée se défendre de ses affreux ravages.*

Dans la nouvelle acception que je le donne il signifie de plus : destruction de tous les forbans; suspension, arrêt de toute querelle, de tout débat, pour être renvoyé par-devant des arbitres. Il signifie : assurance du commerce, liberté positive des mers.

Dans mon opinion, pourra seul se refuser à faire partie de l'ordre, celui qui veut se réserver à sa volonté les moyens d'abuser de son pouvoir.

» Ce projet demanderait un assentiment univer-

» sel, impossible à obtenir. »

1°. Plus il sera étendu, plus il sera bienfaisant.

Proposons franchement d'en faire partie à tous les peuples de la terre.

Je dirais : commençons par l'adopter nous-mêmes autant qu'il peut être en nous ; ce sera, sans qu'aucune nation puisse en concevoir aucun raisonnable ombrage, jetter un corps d'élite au-devant de nos ports.

Bientôt, j'ose le dire, de tous les coins du monde de nouveaux Chevaliers vont s'offrir.

Bientôt Tunis, Alger auront cessé leurs brigandages,
Ou d'autres habitans peupleront leurs rivages.

Une singulière objection m'a été faite. Je tairai le nom de celui qui me l'a proposée.

D'abord je n'y crois pas, et elle est fausse sous tous les rapports.

» Les Anglais, m'a-t-il été dit, ne voudront » pas de votre ordre, ne le souffriront pas. »

1°. J'ose penser que le peuple anglais le voudra. Je l'estime en lui-même juste et magnanime. Présumons tout des membres individuels de son gouvernement. Pensons qu'ils en voudront faire partie, si, comme je l'avance, l'ordre est un bienfait pour l'humanité.

J'aime (1) l'Anglais à Londres, je l'aime à Paris; je voudrais chez moi le combler de témoignages de considération; mais il ne peut s'immisser dans nos institutions publiques. Je sais aimer, je ne sais craindre l'Anglais nulle part. Qui diffère sur ce point ?

De la Garde des Corps constitués.

Opposé à MM. de Chateaubriand et Félix de Beaujour, estimant qu'aucune institution ne peut être plus fatale à la raison humaine et à la félicité publique que celle de corps d'armée nombreux toujours sur pied.

J'ai été amené (car il faut une sûreté publique) à essayer d'indiquer par quels moyens à leur défaut, j'estime que nous pourrions l'obtenir.

Il me reste à parler de la garde en temps de paix des autorités constituées, afin d'offrir le système complet de la force publique.

---

(1) Je me trouve *depuis* avoir écrit plus haut en notè ce même paragraphe. Ils sont tous deux à leurs places.

Suite de ce que j'ai avancé ; elle différera de ce qui existe aujourd'hui.

La garde des corps constitués est confiée à une garde départementale se renouvellant par moitié tous les deux mois.

Elle est formée par inscription volontaire dans chaque arrondissement, au choix des conseils d'arrondissemens.

Au cas d'appel pour service public, ceux inscrits sur ces listes sont, en leurs arrondissemens, les premiers convoqués.

Leur équipement leur appartient.

Leur sont seuls comptés aux lieux de services, les frais stricts de route, de logement et nourriture.

Nul salaire, nul don ne leur peuvent être offerts.

Ainsi, je l'estime, la sûreté publique sera réelle, positive, sans l'entretien en tant de paix de nul corps d'armée ; et l'ordre intérieur sera absolu. Je craindrais même que d'après un tel systême le Français n'abusat de sa force, si les principes vrais qui l'organisent n'en déterminaient l'emploi.

Alors seront restreints à une très-faible somme

les frais militaires, qui, je le sais, nous offrent des places aimables. Mais il faut cesser de vouloir des places pour soi.

Alors les ressources publiques ne seront pas absorbées. Elles serviront 1°. à l'éducation publique (loin de la faire contribuer); 2°. à la distribution des secours; à la tenue des prisons (devant devenir des atteliers de travail); 3°. à la confection, à l'entretien des chemins et des canaux. (Ces derniers n'étant plus assujétis à tant de péages, qu'ils en détruisent les bienfaits) 4°. à l'encouragement, au développement des manufactures, des arts et de tous les travaux de l'industrie, auxquels le commerce, efficacement garanti par l'ordre de *neutralité maritime armée*, donnera le plus prodigieux essort.

S'il m'était demandé comment serait doté l'ordre, dont je propose la fondation magnanime, je dirais :

Si, formé de l'association de plusieurs peuples, il doit recevoir tout son développement, que la dotation de nos Chevaliers soit du tiers de toutes les dépenses projetées pour notre marine.

Chaque état de l'association ne ressentirait-il

pas tous les bienfaits de l'ordre ? Il n'est plus généralement besoin de marine extérieure.

Si l'ordre proposé à tous les peuples nous restait particulier, je dirais les avantages que nous retirerons de l'ordre nous permet encore cette dotation ou qu'un droit lui soit accordé sur l'exportation de nos manufactures. Elle deviendra telle, qu'elle mettra l'ordre a même de remplir son but, de l'assurance positive du commerce, et de la liberté des mers ; droit inhérent à tous les peuples.

Alors nos contributions successivement diminuées, serviront à consolider la fortune particulière et publique.

Alors (malgré la page 111 de M. de Chateaubriand) il n'y aura parmi nous nul ressort fatal et secret, qui ne puisse s'expliquer.

Je m'enhardis dans mon opposition sur plusieurs points précités de M. de Chateaubriand. Lui-même avance (page 112) » une opinion générale domine » les opinions particulières. De toutes parts tout » s'avance vers un but commun. *Il faut bon gré » malgré se laisser aller au cours du temps.* »

(je vais revenir sur cette dernière phrase, bien différente de celle qui précede.)

(M. de Chateaubriand page 113). » La Consti-
» tution de Rome, celle d'Athènes, étaient écrites. ? Je l'estime, Solon il me semble savait écrire, et les lois mauvaises (de son propre aveu) qu'il dicta, devaient être textuellement posées.

(Page 114) » Il serait fort extraordinaire que
» la France ait existé comme nation, pendant
» 1200 ans, sans gouvernement, sans lois. »

Personne, je crois, n'a avancé cette absurdité. Les coutumes, les mœurs, les lois, ont successivement et positivement changées.

M. de Chateaubriand l'affirme:

» Les hommes (page 117) ne sont plus dans
» la place où ils se trouvaient il y a 100 ans;
» bien moins encore il y a trois siècles.

» On doit (dit M. de Chateaubriand page 122)
» pour bien servir sa Patrie, *se soumettre aux*
» *révolutions que les siècles amenent*; et pour être
» *l'homme de son pays*, être *l'homme de son*
» *temps*, c'est-à-dire, *mettant à l'écart ses propres*
» *opinions*

» *opinions*, préférer à tout le bonheur de sa Patrie, » *n'adopter aucun systéme*, *n'écouter aucun pré-* » *jugé;* ne point chercher l'impossible; *tacher de* » *tirer le meilleur parti des élémens, trouvés* » *sous sa main.* Ne point s'irriter contre l'espèce » humaine; *penser qu'il faut donner beaucoup* » *aux circonstances ;* penser que dans la société » il y a encore plus de faiblesse, que de crimes; » *l'homme du temps est éminemment raisonnable*, » *éclairé par l'esprit*, *modéré par le caractère;* » qui croit *comme Solon*, que dans *les temps* » *de corruption et de lumière*, il ne faut pas » *vouloir plier les mœurs au gouvernement*, » *mais former le gouvernement pour les mœurs.*» Alors, dirai-je, comme les mœurs sont changeantes, tiennent aux circonstances toujours légères, *le gouvernement sera mobile.*

Ce portrait de l'homme par excellence, tracé par M. de Chateaubriand, *mettant à l'écart ses propres opinions*, *n'adoptant aucun systéme*, *se soumettant aux révolutions*, *tirant le meilleur parti des élémens trouvés sous sa main*, ne sera

9

pas celui d'un grand homme, mais ce me semble, celui d'un homme ordinaire, très nul, qui, indifféremment (d'abord cependant *n'eût pas émigré*, *où il ne se serait pas soumis aux révolutions*) mais *il fût resté avec les conventionnels*. Puis *marchant avec la révolution*, *pour tirer* le meilleur parti des élémens trouvés sous sa main, il eût, *mettant à l'écart ses propres opinions*, *porté le bonnet rouge ;* il eût ensuite *encensé le Directoire ; puis il eût préconisé Bonaparte ;* et enfin il se glisserait aujourd'hui près des dégrés du trône.

C'est bien *n'avoir point d'opinion*, *n'y pas tenir ;* mais ce n'est pas *préférer à tout le bonheur de son pays ; ce n'est pas n'adopter aucun système*, *aucun préjugé*, *c'est les suivre tous*. C'est le moyen *d'être admis par-tout*, *à toutes les tables ;* mais ce n'est pas le moyen de vivre pour la postérité.

Un homme, près duquel je suis, disait :

» L'homme d'esprit n'a point d'opinion. »

Certes voilà l'homme du temps. Je le trouve méprisable.

» L'homme du temps (dit M. de Chateaubriand) éminemment raisonnable (un homme si compassé a souvent peu de vertus) éclairé par l'esprit (l'esprit, il parait rend prudent) croit, *comme Solon*, que dans les temps de *corruption, de lumière...»*

Eh quoi, M. de Chateaubriand, et vous aussi vous joignez ces mots; et vous aussi vous accusez notre France de corruption.

Sans doute il s'est commis des crimes en tous genres; qui de nous ne les a pas pleurés ? mais (vous le présumez sans doute comme moi) ils ne nous appartiennent pas tous; des mains étrangères, ennemies, perfides, y ont contribué. Au sein d'une mer agitée, qu'ils ont su troubler, ils ont soulevé la vase. Où ne se trouve-t-il pas de sédiment ? Le crime est actif, hardi. La vertu est modeste et presque timide. Le dirai-je ? Nous avons apperçu la vertu éparse; nous n'avons vu le génie qu'enveloppé de l'immoralité, à la suite du crime.

Le vrai génie, selon moi, prend la moralité pour base, en reçoit toute sa force, s'éleve au-dessus des circonstances et les maîtrise.

Non, M. de Chateaubriand, l'histoire ne nous

dit pas qu'aucun siècle ait été sans vices, par conséquent sans erreurs; mais je dis que plus qu'en aucun temps, la classe des gens pensans et toutes les classes diverses ne sont point corrompues. Elles ont été tourmentées, poursuivies, trompées par des monstres; elles éprouvent une grande fatigue, une grande lassitude; mais elles ne sont point corrompues; encore étonnées elles se livrent au travail.

Vous assemblez ces mots, corruption et lumière! Sans doute l'on a dit que la lumière amenait la corruption; que ne dit-on pas? Pourquoi prêche-t-on dans nos églises, est-ce pour amener la corruption? Je ne le crois pas. Car aux dogmes de la religion on ajoute la morale.

Le contraire est pour moi démontré. La grossièreté, l'ignorance, l'erreur ne sont pas la vertu.

L'homme le plus éclairé s'aimera le mieux, (car chercher sa conservation, son bien être, est une loi de la nature, encore que l'on reconnaisse son peu de mérite.) il s'aimera le mieux, et celui qui sait s'aimer, est le plus vertueux. Où trouvera-t-il, où cherchera-t-il ailleurs qu'au sein de la vertu la paix et le bonheur.

» Il ne faut pas (page 122) *comme le dit* » *Solon*, vouloir plier les mœurs au gouvernement, mais former le gouvernement pour les » mœurs.

M. de Chateaubriand comme M. Félix de Beaujour, prennent ce dilemme pour base de leurs raisonnemens.

Etrange différence d'opinions ! Trente cinq ans d'études me le font chaque jour rejeter davantage.

En vain, le dit Solon ; le génie ne consiste pas à suivre la routine ; il ne consiste pas à bâtir un édifice éphémere. Les mœurs tiennent aux circonstances mobiles.

Selon le gouvernement l'homme aime sa Patrie. Qu'il y soit compté pour quelque chose ! Qu'il soit forcé à des vertus publiques !

Veut-on construire pour les siècles ? Choisissons des bases impérissables, éternelles. Le propre d'une Charte constitutive sera de relever l'homme, de lui rappeller sa dignité, afin qu'il ne se manque pas à lui-même ; de le retirer de cette inertie trop générale où son penchant l'entraîne ; de le remuer, de le forcer à être bon, à être actif ; donnez-lui essentiellement le sentiment de sa moralité. Autrement vous formerez un peuple inerte, faible et sans couleur. De cette sorte il sera porté au plus haut dégré d'énergie, de travail, de gloire et de bonheur.

Page 115.

» Les Pontifes mêlaient l'honneur chevaleresque » aux vertus de la thiare. »

Ils eussent mieux fait de ne pas ceindre le baudrier. Je crois que tout le monde en est d'accord.

Je trouve encore une contradiction dans M. de Chateaubriand.

Il est dit page 115, » le gouvernement (ancien » de la France) s'appuyait plus sur la morale » que sur la politique. »

Il est dit page 133, » il y a trente ou quarante » ans, à quel bon marché on acquérait une répu- » tation dans les lettres, la politique, le militaire ; » quels singuliers titres de renommée. »

M. de Chateaubriand j'ai l'honneur formellement de vous contredire. A cette époque, à la fin du règne de Louis XV, et bien sous le bon et malheureux règne de Louis XVI, j'ai eu l'honneur d'appercevoir des hommes, qui avec justice marquaient avec éclat; pleins de savoir, de sagesse, d'amabilité, de graces, de noblesse.

(J'en citerai un seul; peut être en ses dehors n'était-il pas le plus aimable; il n'en avait pas besoin : M. *le Bailly de Suffren.*)

Ils avaient de la capacité, des vertus. Nos pères, nos ayeux, nous ont laissé de dignes exemples, et les lettres il y a quarante ans éminemment brillaient aussi.

Avec M. de Chateaubriand je dirai, page 143, cessons de nous calomnier.

Je ne dirai pas: » nous entendons à la liberté; mais nous cherchons de tous nos moyens à l'entendre.

Je ne dirai pas avec lui *que nous entendons tout;* que nous sommes propres à tout; *que nous comprenons tout.*

Tout entendre ! Tout comprendre ! C'est beaucoup, c'est trop, c'est au-dessus de l'humaine faiblesse. Votre philosophie est audacieuse ! Les travaux des siècles, qui nous ont précédés, nous ont fait acquérir ; nous nous appercevons fort bien qu'il nous reste beaucoup à apprendre. Nous osons espérer que chaque moment, chaque siècle ajoutera à nos trop faibles connaissances ; mais jamais nous n'oserons dire que nous savons tout entendre, tout comprendre. Ce n'est pas.

N'est-ce pas flatter le moment présent ? C'est un compliment assez singulier ; auquel nous saurons ne pas croire ; et que je suis persuadé M. de Chateaubriand lui même désavoue, comme exagéré.

Page 142.

» Si la foule s'est corrompue, comme il arrive
» dans les discordes civiles, il est vrai de dire
» aussi que dans la haute société, les mœurs sont
» plus pures, les vertus domestiques plus communes. »

Ne calomniez pas ; ne calomniez pas la masse du peuple. Il ne s'est pas et il n'est pas corrompu.

Il est fatigué de tant de mouvemens. Il a beaucoup souffert. Il a besoin de travail et il s'y livre. Il fût trompé, mais il n'est pas méchant.

Collot-d'Herbois (de détestable mémoire) en une église ici assemblait le peuple.

» Sortez de votre esclavage, s'écriait-il. Tous
» ces gens riches, qui chez eux dinent bien, se
» sont engraissés de vos travaux, de vos sueurs.
» Que la révolution s'acheve ! Courez chez eux,
» et qu'à leur tour, de tout ils soient dépouillés !
» La nation vous y autorise. »

La foule enfin s'écoulait de cette église, et le peuple loin de se porter aux excès, vous saluait dans la rue, rentrait en ses maisons. Cependant quelle terrible impulsion était donnée !

Le peuple était trompé et s'il ne vous appliquait pas ces mots de sangsues, qui étaient prodigués, à vous qu'il avait l'habitude de voir, avec qui il vivait, ne vous reprochant rien, ils se laissaient persuader qu'ils appartenaient à la classe dont vous faisiez partie.

Malheur à celui qui sépare son intérêt de celui du peuple. Malheur au peuple qui sépare son intérêt de la propriété. Il se livre à tous les malheurs.

» Il est vrai que dans la haute société les mœurs » sont devenues meilleures.

Cela est ; cela doit être. On a observé dans les mœurs des changemens, qui datent d'environ *quarante ans.*

M. de Chateaubriand en homme aimable vous nous faites des complimens. Vous faites l'homme du jour, *l'homme du temps.*

Page 145 et dernière.

» Bonaparte nous a corrigés de l'amour pour » le pouvoir absolu.

Je vous assure que nous ne l'avions pas.

Le Français (dans le principe, lui dit le Conseil des anciens) *le Français n'est sujet que de la loi.*

« La Convention nous a guéris pour jamais du » penchant à la République. »

J'ai déjà observé qu'on avait voulu l'établir, mais faute d'adopter une première mesure sage, les factions toujours prévalurent, et la République, la chose de tous, devint la chose de scélérats. Taisons-nous sur les causes qui les ont déchainé ; mais ils peuvent être affrontées encore, et ce qui fut vrai en 1789 l'est pour tous les lieux et les temps.

Résumons-nous sur l'ouvrage de M. de Chateaubriand, louons le motif qui l'a dicté, mais blamons sa facilité d'écrire non réfléchie.

Ayons le regret d'être d'un sentiment opposé à celui de M. Félix de Beaujour, dans ses vues politiques sur les États-unis d'Amérique, tandis que toutes ses vues sur la navigation et le commerce, nous ont parues les plus sages.

Espérons (quoique ce ne soit pas l'énoncé des considérations de M. de Levis, sur les changemens à survenir en Angleterre,) que l'esprit de son gouvernement cessera d'être celui de domination, d'usurpation sur les continens ainsi que sur les mers, et qu'ils s'opéreront sans agitation, sans secousse, par la seule volonté éclairée des Anglais, reconnaissant que chaque continent, chaque peuple, chaque contrée s'appartient à elle-même, partant de ce principe vrai : *Pour tous pays le droit de souveraineté est inhérent à l'habitant propriétaire.*

Avant de terminer ces pages trop multipliées, j'ai encore quelques observations à ajouter.

De toutes mes forces (et je les reconnais bien faibles) je me suis élevé contre le système suivi par le gouvernement anglais, et cependant tandis que je n'ai l'honneur d'en connaître aucun membre, je suis persuadé de la moralité et de la distinction individuelle de chacun d'eux; mais ils se trouvent emportés par la force et la direction des choses. Tant il est nécessaire, ainsi que je l'ai établi, que la nation souvent et à époques fixes, revienne sur elle-même ! autrement les membres d'un gouvernement se trouvent chargés et responsables des fautes de leurs prédécesseurs, et peuvent malgré eux poursuivre des élémens malheureux.

Combattant des opinions, que je juge fausses, il fallait essayer d'offrir l'idée de ce qui me parait devoir leur être substitué. J'ai pu contrarier celles de personnes respectables. En faveur de l'intention je prie que l'on m'excuse. J'ai du moins la conviction que si plutôt elles eussent pu être adoptées, Louis XVI vivrait encore, nos échafauds n'eussent pas ruisselé de sang. Moscow n'eut pas été incendié.

Les armées étrangères n'eussent jamais touché le sol français ; jamais leurs trompettes n'eussent résonnées sur nos rives. Nous n'aurions pas à déplorer tant de malheurs.

Mais il me reste encore à émettre un vœu, l'objet multiplié des supplications de bien des sages. *L'abolition de la peine de mort*; et prononçant ce vœu sacré, j'ose croire exprimer celui de tous les français.

Est-il avantageux, est-il sans danger de l'admettre ?

Ah que ces questions, ainsi qu'il est si facile de le faire, soient parfaitement résolues ! que je sois le témoin d'un aussi grand bonheur accordé à ma Patrie !

» Pour l'exemple, dit-on, pour la répression » du crime, il faut tuer celui qui tue. »

Il faut réprimer le crime; il faut qu'il fasse exemple, mais sans danger. Et si celui qui tue n'a tué que parce que s'étant laissé aller à un premier méfait, effrayé des suites, qui pour lui sont devenues capitales, il a cru par un homicide en dérober la trace ? Ainsi déjà pour lui la certitude de la mort l'a fait tuèr.

Pour l'exemple ne peut-on donner d'autres châtimens que la peine de mort?

Cet exemple est dangereux. Il est inutile pour le cœur, qui n'a pas d'intentions perverses.

Le bannissement, l'exportation, les mauvais traitemens, les travaux périlleux, nécessaires et et forcés, la dégradation civile, les chaînes, l'exposition aux jours solemnels, aux fêtes, l'écriteau du crime, sa publication renouvellée.....

La honte pénètre en tous les cœurs et est un châtiment plus dur étant continu; et est plus efficace sur l'esprit de ceux que pourrait entraîner l'exemple, et qui, portés au crime, ont déjà l'affreuse idée, que la mort n'est rien qu'un instant qui s'envole, et qui ne laisse après lui nulle trace; instant moins à craindre qu'un siècle de misère.

Cette affreuse idée, je le prétends, s'aquiert à l'affreux spectacle, offert par la peine de mort. Qui y court? quelquefois peut-être une affligeante curiosité. Se plaire à appercevoir ces momens malheureux! Ah, s'accoutumerait-on à ce jet du sang ! cet exemple est-il salutaire ? l'on vole même pendant ces terribles exécutions. Je prétends même qu'il suffit à deux hommes, s'étant trouvés assister ensemble à ces peines de mort, de se reconnaître pour déjà s'entendre et s'estimer compagnons de crimes. Que de malheurs s'ensuivent de cet affreux exemple. C'est-là que ces bandes horribles se vont recruter. Ils ont bientôt fait leur accord.

La certitude de la mort, s'il ne peut se soustraire, n'arrête pas un cœur pervers. Son esprit est aliéné. Il est entièrement livré à son désir du crime. Il n'est pas à lui. Son organisation est incomplète, est fausse. Qu'il soit saisi ; il faut s'assurer de sa raison égarée ; qu'il soit traité en insensé ! L'on jete dans les fers un chien furieux que l'on peut avoir l'espoir de guérir encore. Qu'il disparaisse, mais que la loi prononcée veille toujours sur lui.

Et si toutes les apparences nous ont abusés. S'il a fallu dix années pour entrevoir son innocence ! Qui payera les jours de l'homme injustement condamné ? Comment racheter un aussi grand malheur ? Il suffit d'un sur cent qui ne soit pas coupable, pour nous livrer aux plus cruels regrets. Qui peut remplacer près de sa famille, près de la société, les jours d'un honnête homme ? Quelle idée, que celle d'un innocent chargé de fers, au sein des cachots, n'ayant qu'un pain amer, en un lieu pourissant, fétide, accablé de la malédiction publique, amené sur la place publique où l'on va l'égorger !

Et s'il est coupable, s'il a commis une action qui outrage la nature, vous allez l'imiter. Au lieu d'un crime il en sera commis d'eux. Qui vous en a donné le droit ? Faites-vous, créez-vous l'homme à volonté pour le détruire ? A l'homme comme à la société je reconnais le droit de se défendre, de tuer pour conserver sa vie; mais l'insensé, saisi, lié, garotté, vous n'avez plus de droits sur ses jours. Craignez encore vous même de vous être trompé, d'avoir même par votre insçu provoqué son délire.

La peine de mort maintenue, les passions des hommes s'en emparent, et des actes qui ne sont même pas de simples délits, en entrainent l'application affreuse. Ainsi le malheur d'avoir déplu à un homme un homme puissant, entouré de flatteurs, attise la calomnie. Ainsi en un moment d'orage, la seule différence des opinions, le droit de l'énoncer, apporteront la mort. Nous n'en avons eu que trop d'exemples.

Les lieux où les chatimens sont les plus doux, sont ceux où il se commet le moins de crimes.

Au crime laissez ses remords et l'espoir de l'effacer.

Ayons une police exacte et positive. Que ses ressorts protecteurs soient connus de tous. Que nul ne puisse nuire !

Que le travail, la bienveillance, l'indulgence, concilient tous les hommes !

Qu'il soit démontré à l'esprit comme au cœur de S. M. Louis XVIII et aux chambres de l'état ;

Qu'il est de la justice, de l'intérêt de la société, de prononcer l'abolition de la peine de mort.

J'ai terminé la tâche que je m'étois imposée. J'ai envisagé comme un devoir pour moi envers mon pays, de réfuter des assertions, des opinions, que les plus profondes méditations, dont je sois capable, et qui ont occupé ma vie, m'ont démontré être fausses, dangéreuses pour l'humanité.

Je dis pour l'humanité, persuadé que tout ce qui est généralement avantageux ou nuisible à mon pays, l'est pour tous les peuples.

FIN.

P. S. J'ajouterai un mot à cet écrit :

Différant d'opinion, j'ai blâmé, tâche pénible et malheureuse !

Je cherche quelles sont les lois, qui nous doivent régir.

Lisons au journal de Paris, *mercredi 10 mai 1815*, *n°. 130*, le compte que nous rend M. C. (je ne sais qui) de la vie de Georges Washington, par David Ramsay.

De mes yeux ce rapport a passé dans mon cœur.

www.ingramcontent.com/pod-product-compliance
Lightning Source LLC
Chambersburg PA
CBHW072109090426
42739CB00012B/2894